亚旅游目的地

转型升级研究

周　坤　王　进　鲍黎丝　马作珍莫　著

四川大学出版社

责任编辑:许　奕
责任校对:马　佳
封面设计:胜翔设计
责任印制:王　炜

图书在版编目(CIP)数据

亚旅游目的地转型升级研究 / 周坤等著. —成都:四川大学出版社, 2018.11
ISBN 978-7-5690-2548-4

Ⅰ.①亚… Ⅱ.①周… Ⅲ.①旅游地-经营管理-研究 Ⅳ.①F590.6

中国版本图书馆 CIP 数据核字 (2018) 第 254945 号

书名　**亚旅游目的地转型升级研究**

著　　者　周　坤　王　进　鲍黎丝　马作珍莫
出　　版　四川大学出版社
地　　址　成都市一环路南一段 24 号 (610065)
发　　行　四川大学出版社
书　　号　ISBN 978-7-5690-2548-4
印　　刷　四川盛图彩色印刷有限公司
成品尺寸　148 mm×210 mm
印　　张　7.5
字　　数　201 千字
版　　次　2018 年 11 月第 1 版
印　　次　2018 年 11 月第 1 次印刷
定　　价　38.00 元

◆读者邮购本书，请与本社发行科联系。
电话：(028)85408408/(028)85401670/(028)85408023　邮政编码：610065
◆本社图书如有印装质量问题，请寄回出版社调换。
◆网址：http://press.scu.edu.cn

前　言

关注和思考亚旅游目的地问题缘于“黄金周”时关于热门景区拥挤人群的一个新闻报道。亚旅游目的地既是旅游地的一种存在状态，也是旅游地生命周期的一个特殊阶段。本书在诸多国内外学者的研究基础上，根据多个旅游地的实地调研、规划实践与对比研究提出了“亚旅游目的地”这一概念，希望能够为旅游目的地的研究和发展提供一点浅见。

本书是对多年以来亚旅游目的地理论与实践研究的一次集中体现，并在作者的研讨与合作中升华。全书是在四位作者通力协作下完成的，每个章节均凝结着各位作者的心血和智慧，具体情况为：王进撰写了第一章、第二章和第六章第三节，总计约 4 万字；鲍黎丝撰写了第三章和第六章第一节，总计约 5 万字；马作珍莫撰写了第四章和第六章第二节，总计约 5 万字；周坤撰写了第五章和第六章第四节，总计约 6 万字。

自 2011 年开始关注亚旅游目的地现象以来，转眼已过 7 个春秋，写作期间不断实地调研、积累素材、萌发

灵感，过程艰辛但充实。写作过程中，四位作者参阅了众多专家的研究成果，对本书多有启发，在此表示感谢。四位作者对学术始怀敬畏之心，写作力求严谨深刻，但书中仍不免存在诸多纰漏，还请读者批评指正！

周　坤　王　进　鲍黎丝　马作珍莫

2018 年 8 月

目　录

第一章　亚旅游目的地研究的理论基础

第一节　形象遮蔽与形象叠加理论

一、形象遮蔽与形象叠加理论研究概述

（一）文献来源及年谱分析

本书通过网络资源了解国内外学者对“形象遮蔽”及其相关理论的研究现状。本书选择的中文关键词有“旅游形象”“形象遮蔽”“形象叠加”①，英文关键词有“tourism image”“destination image”，研究年限为1999—2017年，通过中国知网（CNKI）、外文数据库（EBSCO）检索，搜索到的相关文献数量如表1-1所示：

表1-1　国内外“形象遮蔽”与“形象叠加”理论基本情况分析②

国内/国外	期刊来源	篇名关键词	数据库	文献数量（篇）
国内	北大核刊、CSSCI	旅游形象	CNKI	291
		形象遮蔽		4
		形象叠加		2
	总计			297

① 中文文献只针对核心期刊进行检索。
② 外文文献主要来源于国外两种知名旅游期刊：*Tourism Management* 和 *Annals of Tourism Research*。

续表1－1

国内/国外	期刊来源	篇名关键词	数据库	文献数量（篇）
国外	*Tourism Management*	tourism image	EBSCO	1732
		destination image		756
	总计			2488
	Annals of Tourism Research	tourism image	EBSCO	453
		destination image		344
	总计			797

文献统计发现，旅游形象是国内外学者关注的热点问题，在国内外均有大量研究成果，国外研究多于国内研究。形象遮蔽与形象叠加的研究成果相对较少。由于选择的数据库具有一定针对性，不排除有少部分相关文献并未被统计。为了更详细地了解国内外形象遮蔽与形象叠加理论的研究进度，本书对 2010—2017 年的相关研究年谱进行了梳理，详见图 1－1：

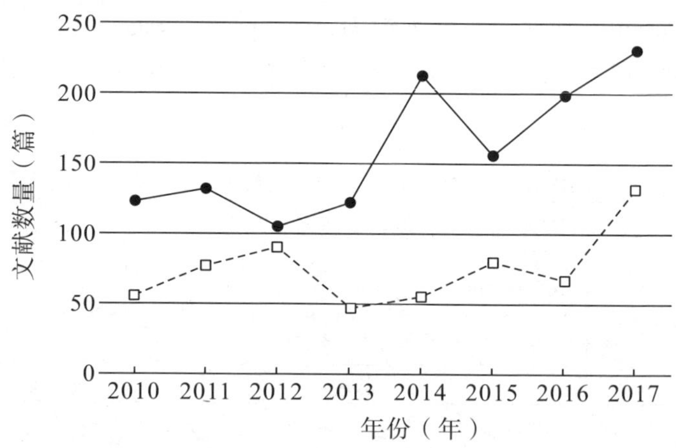

图 1－1　国内外形象遮蔽与形象叠加理论研究年谱（2010—2017）分析图

从国内外 2010—2017 年的研究成果看，研究文献数量在不同年度有增有减，总体呈现增长趋势，国外文献总体数量和变化幅度均大于国内文献。

（二）研究方法及研究视角

研究方法是指为达到预期研究目的，根据研究内容的特性，在研究过程中发现新现象、新事物，或提出新理论、新观点，揭示事物内在规律的工具和手段。常见的研究方法包括调查法、观察法、实验法、文献研究法、实证研究法、定量研究法、定性研究法及个案分析法等。在深入分析国内外文献的基础上，针对“形象遮蔽”与“形象叠加”理论的研究现状，笔者发现学者主要采用调查法、文献研究法、实证研究法和个案分析法以及四者相融合的研究方式开展研究。

1. 国外研究综述

KS Chon（1991）利用旅行者行为模型，结合对美国游客海外旅行的实证分析，探讨了旅游目的地形象和游客感知是如何通过游客前往目的地旅行而改善的[①]。波杰特·莱森（Birgit Leisen，2001）运用调查法得出结论：旅游形象不是由旅游规划者（tourism planner）的意愿设定，而是由旅游市场（tourism market）的认知所决定[②]。尼古拉·格瑞、希瑟·斯金纳（Nicola Greaves、Heather Skinner，2010）采取定性和定量研究方法（qualitative and quantitative methods），以英国乡村旅游为例（UK rural tourism），指出相对新开发的旅游景区，先前占领市场份额、拥有独特形象的旅游地（unique image）更吸引旅游者[③]。格雷汉姆·汉金森（Graham Hankinson，2013）选取了15个英国国内旅游目的地，以问卷调查为主，分析了英国境内

① Chon K S. Tourism destination image modification process：marketing implications [J]. Tourism Management，1991，12（1）：68－72.

② Leisen B. Image segmentation：the case of a tourism destination [J]. Journal of Services Marketing，2001，15（1）：49－66.

③ Greaves N，Skinner H. The importance of destination image analysis to UK rural tourism [J]. Marketing Intelligence & Planning，2010，28（4）：486－507.

的八大旅游品牌形象属性（brand image attributes），同时指出通过选择相关的品牌形象属性能构建旅游目的地的成功形象①。山姆儿·霍赛尼、于克瑟·艾肯次（Sameer Hosany、Yuksel Ekinci，2006）运用调查法和分析法对目的地品牌形象进行了研究，指出旅游目的地品牌形象和旅游消费者品牌个性（brand personality）之间可以相互转换，并发现旅游目的地品牌形象的情感组成部分（emotional component）决定了目的地个性维度（personality dimensions）的大部分主要变量②。Zhang H 等（2014）通过荟萃分析（meta-analysis）研究了旅游目的地形象与游客忠诚度之间的联系，他们提出了 14 个假设的研究框架，共对 66 项独立研究进行了综合分析。研究结果表明，旅游目的地形象对游客忠诚度的影响是显著的，但影响程度不同。整体形象对游客忠诚度影响最大，其次是情感形象和认知形象。在旅游忠诚度的三个层次中，目的地形象对综合忠诚度的影响最大，其次是态度忠诚度和行为忠诚度③。

2. 国内研究综述

王衍用（1991）通过调查法和个案分析法指出我国有很多风景区（点）位于阴影区内，如皖南的九华山处于黄山的阴影区内，鄂西北的武当山、神农架处于长江三峡的阴影区内，川西北的黄龙处于九寨沟的阴影区内等。这是我国学者首次注意到国内景点中存在形象遮蔽效应，并从旅游客源、旅游交通、旅游形象等角度关注我国亚旅游目的地的发展④。许春晓（2001）采用实证

---

① Hankinson G. Destination brand images: a business tourism perspective [J]. Journal of Services Marketing, 2013, 19 (1): 24-32.

② Ekinci Y, Hosany S. Destination Personality: An Application of Brand Personality to Tourism Destinations [J]. Journal of Travel Research, 2006, 45 (2): 127-139.

③ Zhang H, Fu X, Cai L A, et al. Destination image and tourist loyalty: A meta-analysis [J]. Tourism Management, 2014, 40 (1): 213-223.

④ 王衍用. 孟子故里旅游开发战略研究 [J]. 地理学与国土研究, 1993, 9 (2): 50-52.

研究方法，以湖南省涓江风景名胜区为例，归纳了屏蔽现象的类型及性质，并从要素、资源、区位等角度指出旅游目的地的屏蔽现象①。杨振之等（2003）运用个案分析法和实证研究法首次提出了旅游地形象策划的核心理论——形象遮蔽与形象叠加，阐释了形象遮蔽和形象叠加产生的原因，形象遮蔽的表现形式、作用机制、空间影响力和如何避免形象遮蔽②。刘睿文（2006）首次提出旅游形象不对称作用理论，认为旅游目的地旅游形象的差异是一种不对称博弈，并指出旅游形象不对称现象产生的原因和应对措施③。

二、形象遮蔽、形象叠加及其相关理论分析

在旅游目的地发展的不同阶段，国内外学者大多以扎根理论的研究方法，在经验资料的基础上提出了有关旅游目的地形象塑造的重要理论。研究的切入点集中在旅游者、旅游地及旅行社三个层面。研究表明，旅游者对旅游形象的认知主要来源于自我认知和外部影响，而旅游地及旅行社则是旅游者感受外部影响的两大关键因素。本书将旅游形象研究领域具有代表性的观点和理论总结如下（表1—2）：

表1—2　旅游形象研究情况

研究阶段	研究视角	主要研究方法	代表人物
萌芽时期 1980—1991年	旅游地	个案分析法、观察法、经验总结法	Stephen L J、Kye-Sung Chon、王衍用等

① 许春晓. 旅游地屏蔽现象研究［J］. 北京第二外国语学院学报，2001（1）：71—81.

② 杨振之，陈谨. “形象遮蔽”与“形象叠加”的理论与实证研究［J］. 旅游学刊，2003，18（3）：62—67.

③ 刘睿文. 旅游形象不对称作用理论研究［J］. 地理与地理信息科学，2006，22（4）：75—79.

续表1－2

研究阶段	研究视角	主要研究方法	代表人物
探索时期 1992—2003年	旅游资源、旅游空间	实证研究、扎根理论研究、探索性研究	Martina G. Gallarza、Josef A. Mazanec、许春晓、保继刚、陈传康、杨振之等
发展时期 2004年至今	旅游地竞合关系、旅游者	市场调研法、模拟法、定量研究、定性研究	Nicola Greaves、李玺、冯捷蕴、程金龙等

在旅游形象研究的萌芽时期（1980—1991年），以Stephen L J、王衍用等为代表提出的重要观点有“旅游地空间竞争模型”“阴影区”等，标志着学术界开始从旅游形象的角度研究旅游目的地，并首次提出旅游地之间存在隐形竞争，即形象竞争。旅游形象的探索时期（1992—2003年），以Martina G. Gallarza、许春晓、杨振之等为代表提出了“替代性竞争”“旅游地屏蔽”“形象叠加”等理论，本时期以亚旅游目的地旅游形象为背景的实证研究增多，即被屏蔽的旅游目的地成为研究旅游形象的新视角。2004年以后，旅游形象的研究视角进一步扩大，李玺对游客感知与旅游形象之间的影响因子进行了分析①，冯捷蕴以博客为切入点分析中西方游客旅游形象感知②。本时期，学术界越来越注重以旅游区域为单位，强调资源整合和旅游地之间的竞合关系，并开始出现旅游形象的模型构建。

① 李玺，叶升，王东．旅游目的地感知形象非结构化测量应用研究——以访澳商务游客形象感知特征为例［J］．旅游学刊，2011，26（12）：57－63．

② 冯捷蕴．北京旅游目的地形象的感知——中西方旅游者博客的多维话语分析［J］．旅游学刊，2011，26（9）：19－28．

三、旅游目的地形象研究趋势分析

（一）研究视角扩大化，研究因素细分化

旅游者、旅游开发商、旅行社、居民等相关利益者是目前研究旅游形象的主流视角。随着旅游形象理论研究的深入，学术界的研究思路和方向将更为细分化。从旅游者角度看，除了旅游者感知，游客的人类学特征，如性别、年龄、收入、受教育程度等因素将成为构建优势旅游形象必须考虑的因素。从旅游地角度看，学者逐渐意识到旅游地的区位交通、旅游设施、天气因素等会直接或间接影响到旅游地旅游形象的树立和感知。此外，旅行社人员素质、旅游线路设计、当地居民参与度、旅游地文化的原真性等也对旅游形象的塑造和形象生命力的延长起到重要作用。因此，研究视角扩大化和研究因素细分化必将成为旅游形象研究领域的发展趋势。

（二）研究学科交叉化，研究方法多样化

由上述内容可知，对旅游形象研究感兴趣的学者通常来自旅游规划界和旅游教育界。随着旅游业的发展，旅游地之间的竞争必将更为激烈，长期处于遮蔽状态的旅游目的地将面临生存和淘汰问题。引导旅游地之间的整合，维持旅游业持续发展，形成良性竞争，必然需要多学科的融合交叉。这也将吸引经济学、地理学、人类学、统计学等相关学科的学者关注旅游形象研究领域的“盲区”。多学科的交叉研究，必然带来研究方法的多样化，田野调查法、实证研究法、模型构建法等方法的相互融合将推动旅游形象研究领域获得更多高质量的成果。

（三）研究目的明确化，研究成果应用化

无论旅游业如何发展，对旅游形象存在问题及解决措施的研究始终处于应用性和实践性的大背景下，这是由旅游业的本质属

性决定的。未来旅游形象的研究目的：将成果转化到应用层面，即相关论文、专著如何体现其实际价值，如何跳出“纸上谈兵”，实现应用价值，搭建旅游开发商与学者的沟通桥梁，真正服务于旅游地可持续发展。研究目的明确化及研究成果应用化象征着旅游形象研究领域的成熟化，任重道远。

纵观国内外研究成果，旅游形象的研究归根结底要解决的核心问题是如何规避一定旅游区域内，各旅游地之间的形象遮蔽问题。其涉及的影响因素非常复杂，完善的因素体系仍在进一步研究和探讨中。以旅游形象为线索来分析旅游地相关利益者的关系和竞合模式，日渐成为旅游业研究的一大热点。

第二节　旅游功能区理论

一、主体功能区理论

功能区研究自 20 世纪 80 年代进入学者的研究视野后，一直以研究背景的形式存在，以不同功能区内大气污染①、噪声②、土壤元素含量③、水环境④⑤等生态环境要素研究为主。20 世纪初，功能区研究从背景转向主体，但仍以生态功能区的划分、控制、调节为主。中共中央国务院于十六届五中全会首次提出主体功能区的概念，2006 年主体功能区开始进入学者的视野。杜黎

① 段菁春，毕新慧，谭吉华，等．广州秋季不同功能区大气颗粒物中 PAHs 粒径分布 [J]．环境科学，2006，27 (4)：624－630.

② 吴对林，李美敏，陈丽华，等．东莞市城市功能区噪声自动监测点位布设初探 [J]．中国环境监测，2009，25 (4)：1－3.

③ 吴新民，潘根兴．城市不同功能区土壤重金属分布初探 [J]．土壤学报，2005，42 (3)：513－517.

④ 禹雪中，苏德慧，黄金池，等．水环境功能区管理信息系统研究与开发 [J]．环境科学研究，2000，13 (6)：49－51.

⑤ 余向勇，吴舜泽．全国水环境功能区编码研究 [J]．环境科学研究，2006，19 (3)：134－138.

明分析了各类主体功能区的建设重点，认为主体功能区建设有利于增强区域可持续发展能力[①]。之后，主体功能区逐渐成为学界研究的热点，研究范围涵盖人口空间[②]、生态补偿[③]、绩效评价[④]以及不同主体功能区的构建等。

所谓主体功能区，是指根据不同区域的发展潜力和资源环境承载能力，按区域分工和协调发展的原则划定的具有某种主体功能的规划区域[⑤]。2011 年 6 月 8 号，国务院发布首个全国性国土空间开发规划——《全国主体功能区规划》。按照不同的开发方式，国土空间被划分为优化开发区域、重点开发区域、限制开发区域和禁止开发区域。依据地区不同的区位交通、土地面积、既有产业、资源环境等条件，各地需要因地制宜地引进和布局符合功能区要求的产业类型，实现国土空间的有效、科学、有序利用。

国家针对不同的功能区提出了差异化的考核机制，不再以国内生产总值（GDP）“论英雄”。通过不同的政策措施，引导产业疏散和集中。对重点开发区域，强调工业化和城镇化发展水平考核，并将资源消耗和环境保护作为重要指标之一。对限制开发区域，以农业生产和生态产品考核为主。对禁止开发区域，强调对自然生态和地方文化的保护，需及时迁出不适宜的产业。

---

① 杜黎明．在推进主体功能区建设中增强区域可持续发展能力［J］．生态经济（中文版），2006（5）：320－323．

② 娄峰，侯慧丽．基于国家主体功能区规划的人口空间分布预测和建议［J］．中国人口・资源与环境，2012，22（11）：68－74．

③ 陈冰波．主体功能区生态补偿［M］．北京：社会科学文献出版社，2009．

④ 王倩．主体功能区绩效评价研究［J］．经济纵横，2007（13）：21－23．

⑤ 邓玲，杜黎明．主体功能区建设的区域协调功能研究［J］．经济学家，2006（4）：60－64．

二、旅游功能区理论

（一）旅游功能区的定义

薛萌最早提出了旅游功能区的概念，但其研究主要关注单一景区的旅游功能分区，这与宏观上的旅游功能区的意义并不相同①。王佳随后提出了体育旅游功能区概念，开始从宏观视角研究旅游功能区问题②。在国家主体功能区逐渐成为学者研究的热点后，旅游功能区也开始被旅游学界关注。杨振之等首先从国家主体功能区角度界定了旅游功能区，认为旅游功能区是指根据区域发展的内外条件和旅游资源优势，结合我国划分主体功能区时考虑的资源承载力、环境承载力和开发潜力等评价指标所划定的以旅游业为主导产业发展的区域③。熊山妹等认为旅游功能区是指凭借富集的旅游资源，聚集旅游产业和要素，发展现代旅游业，发挥旅游综合服务功能，带动区域整体发展的地域空间④。郭沙认为旅游功能区是指以区域发展的内外条件和资源优势，结合评价指标划定的旅游产业发展区域⑤。从已有文献看，旅游功能区的概念已基本清晰。笔者认为，旅游功能区即以旅游业为主导产业，以与旅游相关的农业、林业、畜牧业等生态型产业为辅助产业的国土空间。

---

① 薛萌．浅谈廊坊市龙河景观河道旅游功能区规划与开发［J］．廊坊师范学院学报（自然科学版），2005，5（3）：44—45．

② 王佳．河北省体育旅游功能区的定位［J］．商场现代化，2006（33）：216．

③ 杨振之，马琳，胡海霞．论旅游功能区规划——以四川汶川地震灾后恢复重建为例［J］．地域研究与开发，2013，32（6）：90—95．

④ 熊山妹，吴儒练，王慧．旅游功能区理论阐释与实践发展［J］．商业经济研究，2014（19）：126—128．

⑤ 郭沙．旅游功能区规划视域下的农村休闲旅游目的地的空间管理研究［J］．农业经济，2016（4）：39—41．

（二）旅游功能区的特征

1. 低位性

旅游功能区属于国家主体功能区的细分功能区，它的设立需要符合国家和地区对本区域主体功能的设定。如已经被划入重点开发区域的县、市，其主要目标是完成工业化和城市化，不宜再整体定位为旅游功能区。

2. 区域性

旅游功能区的划定具有区域性质，因此其范围具有相对性。如位于重点开发区域的县、市，也可以在县、市范围内划定旅游资源富集的区域作为旅游产业主导的旅游功能区。在限制开发区域，可根据不同的区域特征划定范围不一的旅游功能区。

3. 综合性

旅游功能区的主体是旅游产业。旅游业属于关联性极强的社会型产业，可带动工业、地产业、信息业等发展，因此旅游功能区内的产业形态是多样的。由于旅游业对生态环境的要求较高，其引入的企业不能是污染性企业，这为限制开发区域提供了不错的产业机遇。旅游业的科普、教育、文化功能使得禁止开发区域也能够通过开发旅游业获取一定的经济效益，促进地区经济、社会、环境协调发展。

（三）旅游功能区与旅游目的地

由旅游功能区的定义可知，以旅游业为主导的区域实际上构成了旅游目的地（tourism destination）。美国学者冈恩（Clare A. Gunn，1972）提出了“目的地地带”的概念，目的地地带包括入口、道路、旅游吸引物、社区等，是整体以旅游业为主导功能的区域。保继刚等（1996）认为一定空间上的旅游资源与旅游专用设施、旅游基础设施以及相关的其他条件有机地集合起来，

就成为旅游者停留和活动的旅游目的地①。杨振之等（2007）提出旅游目的地是指在一定的空间范围内，以对客源市场具有吸引力的旅游吸引物为基础，使旅游业吃、住、行、游、购、娱六大要素综合协调发展并能实现旅游者最终目的的区域②。可见，旅游功能区与旅游目的地的概念较为接近，均体现了旅游业在区域经济社会发展中的主导地位。

旅游功能区和旅游目的地都是以区域的形式存在的，区域的范围可大可小，大至一个国家、省、市，小至一镇一村。二者虽然在产业类型与功能定位上类似，但并非完全一致的概念。旅游功能区侧重于区域的总体功能定位，用于引导区域内产业遴选和发展思路，属于政策导向性概念。旅游目的地侧重于旅游发展目标定位，用于引导旅游业的发展方向，属于市场导向性概念。旅游功能区并不一定是旅游目的地，旅游目的地也并不一定是旅游功能区。某些被划定为旅游功能区的区域是否能够成为旅游目的地，还要看后续的产品开发、市场营销与经营管理水平。被划定为旅游目的地的区域，也可能是以其他产业为主导产业的非旅游功能区，如综合性目的地城市、工业旅游目的地等。

第三节　旅游地生命周期理论

一、生命周期理论

生命周期（life cycle）这一概念起源于生物学，原本用于研究个体从出生到死亡的不同发展阶段。美国心理学家爱利克·埃里克森将生命周期理论引入心理学研究中，他将人的一生分为九

① 保继刚. 旅游开发研究：原理·方法·实践［M］. 北京：科学出版社，1996.

② 杨振之，陈顺明. 论“旅游目的地”与“旅游过境地”［J］. 旅游学刊，2007，22（2）：27－32.

个阶段，每个阶段具有不同的心理素质和体验。之后，卡特和莫麦戈得里将个人发展纳入家庭之中，提出了家庭生命周期理论。马森·海尔瑞于1959年首次将生命周期理论引入企业管理中，提出“企业生命周期”的概念。至此，生命周期理论开始向更广泛的社会学、人类学和自然科学研究领域扩展。

在社会科学研究方面，生命周期理论被应用于养老制度改革、碳足迹分析、小微企业发展、品牌设计及旅游研究等多个领域，其中关于产品和企业生命周期理论的应用研究最多。产品生命周期理论是美国哈佛大学教授雷蒙德·弗农（Raymond Vernon）于1966年提出的。该理论认为产品拥有类似于人类的生命周期，从研发阶段开始，产品将经历引入期、成长期、成熟期、衰退期四个阶段。1997年，美国管理学家伊查克·爱迪思（Ichak Adizes）将生命周期理论引入企业管理中，出版了著名的《企业生命周期》一书。产品与企业生命周期理论的发展历程颇似个人与家庭生命周期理论。我国学者陈启杰最早将产品生命周期理论引入国内，他认为产品生命周期的研究对促进社会主义竞争的健康开展，避免市场调节、竞争可能引起的消极作用，减少社会财富的浪费都有一定的意义①。之后，产品生命周期理论又被拓展到企业研究领域。产品和企业生命周期理论为我国建设社会主义市场经济提供了重要的理论分析工具。

二、旅游地生命周期理论

德国学者克里斯塔勒（Christaller）最早将生命周期理论应用于旅游研究，他在研究欧洲旅游发展时提出了“旅游地生命周期”这一概念，并将旅游地生命周期划分为发现期、成长期、衰

① 陈启杰. 浅析“产品生命周期”理论在我国的适用性［J］. 财贸经济，1984（10）：38—42.

落期[①]。后来结合产品生命周期理论，加拿大旅游学家 R. W. 巴特勒（R. W. Butler，1980）对旅游目的地生命周期进行更系统的细化研究，他将旅游地生命周期划分为探索期（exploration）、参与期（involvement）、发展期（development）、巩固期（consolidation）、停滞期（stagnation）和衰退或复苏期（decline or reviving）六个阶段。巴特勒的旅游地生命周期理论在旅游研究领域产生了较大影响，越来越多的国内外学者开始将生命周期与旅游目的地的发展经营紧密联系在一起。

目前，国内外旅游地生命周期理论的研究和应用范围包括生命周期阶段划分与阶段特征、生命周期演变影响因素、生命周期曲线形态和数学模型等，仍然存在理论研究不足、应用拓展创新不够、定量研究偏少等问题[②]。旅游地并非在规划建成后立即成为旅游目的地，期间必然经历类似生命周期的初创、巩固、停滞、衰退等发展过程。即便成为旅游目的地，因条件限制也会产生主流旅游目的地与非主流旅游目的地之分。旅游地生命周期理论在旅游目的地的发展历程中具有重要的应用价值，对本书研究亚旅游目的地具有较强的指导意义。

---

① Christaller W. Some consideration of tourism location in Europe：the peripheral regions-underdevelopedcountries recreation areas ［J］. Regionnal Science Association Papers，1963（12）：103－105.

② 张立生. 旅游地生命周期理论研究进展［J］. 地理与地理信息科学，2015，31（4）：111－115.

第二章　亚旅游目的地概述

第一节　我国旅游业面临的新挑战

闲暇时间的增加、国民收入的提高以及对外开放脚步的加快，为我国旅游业的蓬勃发展提供了前所未有的机遇和挑战。我国旅游业经过 30 余年的发展，已逐步形成“政府引领、企业合作、市场导向”的旅游开发和发展模式。各省、市将旅游业作为推动经济发展、对外交流的平台，纷纷推出具有本地特色的旅游景点和旅游线路，形成能够推动当地旅游产业链条发展的“旅游热点景区”“旅游热点城市”“旅游热点线路”。旅游热点的迅速发展一方面让旅游地在客源市场上塑造了深刻的旅游形象，拓展了旅游地知名度；另一方面也让旅游地的发展面临新挑战。

一、旅游热点过热，旅游地“马太效应”持续增强

从我国旅游业发展现状看，几乎每个旅游地都有别具一格的旅游形象和旅游品牌，即旅游热点，这成为带动区域旅游业发展的中坚力量。由于政策的支持、大量资金和人才的流入，旅游热点在各个环节都受到“特殊关照”，在形象包装、产品构建、市场营销和基础设施建设等方面较当地其他旅游地享有优先权。长此以往，就会出现旅游界热议的旅游地极端现象，可以概括为一定区域内旅游热点产生的“马太效应”：即同一区域内存在旅游

热点“井喷”“超负荷”的过热现象，同时也存在旅游阴影区（王衍用，1991）、旅游资源非优区（许春晓，1993）、形象遮蔽旅游地等。并且，随着当地旅游业的发展，旅游热点通常会逐步呈现出越来越强势的旅游聚集效应，而旅游欠发展区域将可能面临逐步走向衰弱或淘汰的局面。

二、知名度决定市场份额，旅游者“晕轮效应”不断显现

旅游热点往往是区域旅游形象的窗口。如到成都旅游，游客会联想到都江堰、青城山；到北京旅游，游客多会因“不到长城非好汉”而前往长城游览；到海南旅游，游客会向往早已闻名的天涯海角和蜈支洲岛等旅游地。旅游者在未到达旅游地前，通常会被知名度高、影响力大的旅游地（旅游强势区）的光圈笼罩，并赋予该旅游地一切好的品质，同时潜意识地忽略或排除其他具有相同资源品质但知名度较低的旅游地（旅游弱势区），这就是旅游者对旅游地的“晕轮效应”（the halo effect）。因此，知名度高的旅游热点往往成为游客聚集的主要旅游地，游客人气带动商气，直接使得热点区域旅游收入成倍增加，间接导致“哄抬物价”“假冒商品”“旅游符号化”现象产生。海南“天价菜单”、香港“强制消费”、青岛“天价大虾”等事件被媒体陆续曝光后，政府、旅游企业和旅游学术界开始认识到，旅游热点地区的经济繁荣和游客爆棚正在为当地旅游企业之间的不良竞争提供温床。通过对欠发展旅游地的整合升级，转移一定游客量，能够保障区域旅游市场份额的相对平衡，缓和旅游地“热的过热，冷的过冷”这一矛盾，确保一定区域内各旅游地之间的良性竞合关系。

三、资源要素分布不均，旅游业“遮蔽空间”日渐扩大

旅游业统计显示，各地旅游热点的旅游收入通常会超过当地旅游总收入的50%甚至更高。资金的流入为旅游地吸引专业人才、建设和提升基础设施、升级城市环境等提供了保障。如5A级旅游景区的旅游信息化建设和基础设施建设往往优于4A级旅游景区，拥有风景名胜区、世界遗产地的旅游城市或区域在环境建设方面会得到大幅度改善。可见，知名度高的旅游地无论在资金实力、人才资源还是市场形象等方面都占有长期优势，导致对一定范围内的其他旅游地形成“遮蔽空间”。

由于资源、区位、交通、形象等多方面的限制，从旅游地的数量看，旅游弱势区所占比例大大超过旅游强势区。因此，无论是旅游地的“马太效应”还是旅游者的“晕轮效应”，或旅游业的“遮蔽空间”，在今后一段时间内仍将长期存在。如何实现旅游强势区和旅游弱势区之间的和谐发展，如何借助旅游强势区聚集效应带动其他旅游地的开发和升级，必将成为区域旅游开发研究的新课题和新方向。

第二节　亚旅游目的地概念解读

一、亚旅游目的地相关概念

以中国知网（CNKI）、万方、维普三大中文主流数据库为参考依据，以“亚旅游目的地”“亚旅游景区”与“亚旅游”为关键词、篇名和主题进行索引，结果显示相关研究文章数为4篇，可见亚旅游目的地还未在我国旅游研究领域里受到重视。但不少学者对与亚旅游目的地相关的旅游现象和旅游理论进行过分析和

调研，对旅游资源非优区的产生及其对策提出了一系列构想，值得借鉴与思考。

（一）旅游资源非优区

许春晓教授早在20世纪90年代初期就提出“旅游资源非优区”这一概念，并对此类型区域进行了大量实证研究。他从旅游资源品级和旅游开发角度阐释了旅游资源非优区的概念和类型，有针对性地提出旅游资源非优区的补偿模式和机制，为亚旅游目的地研究拉开了序幕。吉婷婷、崔延松（2011）等从水利产业和资源角度，分析了江苏省如何整合开发“环太湖”“环都市”等旅游资源非优区[①]。赵小芳、耿建忠、宋金平（2010）以大城市边缘旅游资源非优区为研究对象，揭示了大城市边缘旅游资源非优区旅游发展的现实意义和条件，归纳出此类旅游资源非优区的旅游发展模式[②]。李跃军、孙虎、胡默言（2007）认为旅游资源非优区的发展应以资源禀赋特征为基础，走旅游经济园区发展之路[③]。

（二）旅游阴影区

最早提出旅游阴影区理论的是旅游地理专家王衍用教授。早在1991年，王教授就发现国内普遍存在旅游阴影区现象，尽管处于阴影区的很多风景区的旅游资源品质不低，但却难以展示其应有的资源魅力和价值。随后，学者对旅游阴影区现象进行了多角度、宽视野的分析研究。梅丽（2008）以旅游市场为切入点，分析了旅游业市场营销的阴影区[④]。李培军（2010）运用阴影区

---

① 吉婷婷，崔延松. 旅游资源非优区发展旅游产业探讨——基于江苏开发水利旅游资源的视角［J］. 水利经济，2011，29（6）：65－68.

② 赵小芳，耿建忠，宋金平. 大城市边缘旅游资源非优区旅游发展模式——以河北省三河市为例［J］. 城市问题，2010（5）：50－55.

③ 李跃军，孙虎，胡默言. 旅游资源非优区的园区化建设探讨——以吕梁山苍儿会旅游经济园区为例［J］. 地域研究与开发，2007，26（3）：71－74.

④ 梅丽. 浅析旅游“阴影区”市场营销策略［J］. 科技信息：科学教研，2008（22）：562.

理论对旅游地的旅游资源、旅游区位和客源区位等进行了综合分析，总结出阴影区旅游地的产生缘于旅游目的地之间存在替代性的空间竞争关系①。

（三）旅游地形象遮蔽

旅游规划专家杨振之教授（2003）对旅游地形象遮蔽和形象叠加的理论框架进行了实证分析，首次提出形象遮蔽与形象叠加的概念，分析了旅游地之间形象遮蔽的产生机制。基于形象遮蔽理论，结合案例，杨振之提出了“被遮蔽”旅游地发展旅游的途径，即如何在一定区域内形成旅游地之间的形象叠加效应。形象遮蔽与形象叠加是对旅游资源非优区及旅游资源阴影区理论的进一步解析，解释了非主流旅游地得以产生的原因。

二、亚旅游目的地概念解读

如前文所述，亚旅游目的地现象早在20世纪90年代就引起了旅游规划界和旅游学术界的关注，前期研究成果包括旅游资源非优区、旅游阴影区等，但尚未有学者提出亚旅游目的地的概念，也未对亚旅游目的地系列问题进行系统分析和论证。

目前，对旅游资源非优区、旅游阴影区的研究主要从旅游开发和旅游资源角度入手：一是旅游资源等级欠优，二是旅游开发相对滞后。从涉及范围看，亚旅游目的地所包含的旅游景点更为广泛。“亚”（sub）做形容词时，意为“次”“次于”“附属”。同一资源等级的旅游景区，由于营销宣传、资金实力、政策倾斜等不同，可能在一定区域内处于其他旅游景区的“遮蔽”中。因此，亚旅游目的地一方面包含旅游资源非优区，另一方面则侧重于站在旅游者角度，即从游客获得旅游地信息的途径、信息真伪性、游客需求和消费特征等方面来鉴定旅游地性质。

---

① 李培军. 阴影区旅游地开发策略研究［J］. 考试周刊，2010（39）：54－55.

综上所述，亚旅游目的地（sub-tourism destination）应被视为一个相对的概念，指在一定区域内或旅游线路上，在旅游知名度、旅游收入、旅游资源、旅游者偏好等方面处于相对弱势地位的旅游目的地，是在一定区域内具有“绿叶”特征的旅游地的统称。亚旅游目的地并不是旅游过境地，其旅游资源、旅游产品、旅游设施等均达到旅游目的地的标准，只是由于诸多因素限制导致其并非游客首选的旅游目的地。在旅游线路设计上，亚旅游目的地处于“被整合”状态，通常依靠分流其他旅游地客源获得主要经济收入，依附性较强，尚未形成鲜明的旅游形象。

三、亚旅游目的地的主要特征

（一）相对性

亚旅游目的地的“亚”是相对于旅游地周边或旅游线路上的主流旅游目的地而言的，它是相对的次级旅游目的地。相对于主流旅游目的地，亚旅游目的地在旅游收入、游客人次、产品等级等方面有所欠缺，所以无法与主流旅游目的地竞争而处于附属状态。在非竞争或非单选情况下，仍会有大量游客主动前往某个亚旅游目的地开展旅游活动。

（二）区域性

亚旅游目的地仅是在与主流旅游目的地共存的区域环境中具有可比性，一旦扩大区域范围，旅游地的主次身份可能会发生转变。在小区域内具有主导地位的主流旅游目的地放大到更广阔的区域可能变成亚旅游目的地。如成都近郊的都江堰景区相对于虹口景区即为主流旅游目的地，但区域范围扩大至四川省后，九寨沟为主流旅游目的地而都江堰则变为亚旅游目的地，区域范围再扩大至全国，对海外游客而言，故宫、长城为主流旅游目的地而九寨沟变为亚旅游目的地。因此亚旅游目的地的概念是区域性的，只在一定的区域范围内可以显示目的地的层次级别。

（三）动态性

在一定的区域空间内，目的地的主次状态会随着开发阶段、产品质量、旅游营销、游客满意度等要素变化而变化。亚旅游目的地可能会在不断优化创新中转变为主流旅游目的地，而主流旅游目的地可能会因产品老化或旅游危机事件而进入生命周期末期，转变为亚旅游目的地。

（四）多样性

亚旅游目的地的形态多样，并不局限于某类自然或人文类景区，也不局限于东西地域差异。亚旅游目的地是旅游地生命周期发展的一个阶段，是旅游目的地存在的一种特殊形态，在大多数旅游景区、旅游城市或区域旅游目的地中具有普遍的适用意义。

第三节 亚旅游目的地鉴定方法

从本质上看，亚旅游目的地是指旅游地在一定区域范围内、一定时期内相对存在的一种状态和地位，可从该旅游地在旅游线路中的地位来辨识。处于“陪衬”“辅助”等“绿叶”地位的旅游景点（区）都属于亚旅游目的地。也可在某一区域范围内，通过旅游人次、旅游收入等综合指标加以判断。亚旅游目的地是我国大部分旅游景点（区）发展的必经阶段，及时掌握旅游目的地的“亚”特性，有利于旅游地采取相应措施了解市场需求，调整营销方案，更新旅游形象。判断旅游目的地是否处于“亚状态”，可采用以下两个方法。

一、线路设计鉴定法

旅行社是为各旅游景点（区）组织招徕客源的重要平台，同

时也是具有经营目的的营利性企业。正因为旅行社的经济特性，在旅游线路组合方面，盈利通常会被看成首要考虑因素，这致使旅游者在选择旅游线路时，常常处于被动接受状态。换而言之，旅游线路设计的主动权在旅行社、政府等相关利益者，而旅游线路设计通常采用整合法，即以某地已有一定知名度的品牌旅游地为主打吸引物带动其他旅游地发展。表面上看，知名度不高、旅游资源品级较低的旅游地可通过旅游线路分流部分品牌旅游地客流，在一定程度上带动了这类旅游地的发展。但从长远看，这类旅游地具有很大依附性，既依附品牌旅游地的客源市场，又难以建立独特的旅游形象。因此，旅游线路组合时，具有依附性的旅游地通常具有亚旅游目的地的特征。

线路设计鉴定法主要依据旅游市场上发展比较成熟的旅游线路中旅游者对各旅游环节（旅游景点）的认同感程度、吸引力大小（吸引旅游者参与旅游线路景点排序）、消费意愿等的考核，确定旅游地是否在特定旅游区域内处于“亚状态”。

采用上述方法鉴定亚旅游目的地，首选基于量化统计的实证研究。笔者对四川省精品旅游路线——“九寨沟—黄龙—红原—若尔盖”游线（以下简称“九黄若线”）进行了实证调研，采用线路设计鉴定法对旅游目的地形态鉴定进行实证研究。选择这条线路主要考虑了两点：一是此线路各旅游景点的旅游资源具有相似性和可比性，均以自然风光取胜，且资源等级相当；二是此条路线属于四川省精品常规旅游路线，发展比较成熟，知名度高，具有很强的市场基础，无论是旅游团队还是散客自驾，均将此线路作为首选。这是运用线路设计鉴定法鉴定亚旅游目的地的前提条件。

在全面了解此条旅游线路各个景点的资源特色后，笔者针对此线路的团队游客发放问卷 128 份，其中有效问卷 112 份，经过数据整理，站在旅游消费角度，对此条精品旅游路线的游客停留时间、消费比例等做了对比分析。

（一）相关概念及公式

使用线路设计鉴定法辨别旅游地是处于主流状态还是“亚状态”，必须考虑旅游线路各景点之间的消费基数、受欢迎指数、游客停留时间基数等。研究的相关概念及公式等详见表 2-1。

表 2-1　相关概念及公式等对照表

概念	含义	公式	以“九黄若线”六日游为例
线路各景点消费基数（%）	每个景点应占平均消费比例	$Y=\frac{100\%}{n}$，n 代表旅游线路景点总数	涉及景点 6 个，故 $Y=100\%\div 6\approx 16.7\%$
旅游者景点消费占比平均数（%）	每位游客在该景点消费额与旅游线路总消费额之比的和除以样本总数	$X=\frac{\sum f(x_i)}{n}$，$i=(1,n)$，n 代表样本数	本书有效样本数为 112 个
受欢迎指数	从旅游消费角度衡量旅游者对该景点的喜爱程度	$Z=\frac{X}{Y}$	$Z>1$，消费指数高，代表旅游景点受欢迎程度高，为主要旅游目的地；$Z\leqslant 1$，代表旅游景点受欢迎程度低，为亚旅游目的地
游客停留时间基数	每个景点占平均停留天数	$Y_1=\frac{N}{n}$，N 为旅游景点，n 为旅游天数	六日游，故 $Y_1=6\div 6=1$（天）

续表2—1

概念	含义	公式	以"九黄若线"六日游为例
游客停留指数	景点实际停留天数（N_1）与旅游总天数之比	$X_1=\frac{N_1}{Y_1}$	$X_1>1$，代表游客停留指数高，为主要旅游目的地；$X_1\leqslant 1$，代表游客停留指数程度低，为亚旅游目的地

（二）线路设计鉴定法应用研究

以四川省精品路线"九黄若线"的实地调研数据为例，采用表2—1的研究公式，笔者对此条路线的相关数据进行整理和分析，得出表2—2和表2—3。

表2—2　"九黄若线"旅游者"消费—停留"数据对比表

旅游景点	主要消费项目	景点消费百分比（%）	旅游者欢迎指数	停留时间（天）	游客停留指数
九寨沟风景区	门票、交通、住宿、餐饮、藏羌歌舞晚会、纪念品	33.5	2.01	1.5	1.5
黄龙风景区	门票、交通、住宿、餐饮	20.5	1.23	1	1
红原—若尔盖大草原	娱乐活动、交通、餐饮、住宿、纪念品	20.2	1.19	1.5	1.5
黄河九曲第一湾	交通、餐饮、住宿	10.3	0.62	0.5	0.5
古尔沟	交通、餐饮、住宿	5	0.3	0.5	0.5
桃坪羌寨	交通、餐饮	10.5	0.63	1	1

经数据研究与对比，可得不同景区的旅游地性质鉴定结论

（表 2—3）。研究发现，九寨沟、黄龙、红原—若尔盖大草原三个旅游景区在“九黄若线”中处于明显的优势地位，知名度高，游客停留时间长，消费指数高，处于“主流旅游目的地”状态。而黄河九曲第一湾、古尔沟、桃坪羌寨则表现出游客停留时间短、消费指数低、知名度低等亚旅游目的地的特征，在团队产品中一般以线路的赠点形式存在，处于“亚旅游目的地”状态。

表 2—3　“九黄若线”各节点旅游地性质鉴定表

旅游景点	线路特点	结论
九寨沟风景区	受欢迎，游客停留时间长	在此旅游线路中，该景点处于主要地位，为主流旅游目的地
黄龙风景区	受欢迎，游客停留时间长	在此旅游线路中，该景点处于主要地位，为主流旅游目的地
红原—若尔盖大草原	受欢迎，游客停留时间长	在此旅游线路中，该景点处于主要地位，为主流旅游目的地
黄河九曲第一湾	消费指数低，停留时间短	在此旅游线路中，该景点处于次要地位，为亚旅游目的地
古尔沟	消费指数低，停留时间短	在此旅游线路中，该景点处于次要地位，为亚旅游目的地
桃坪羌寨	消费指数低，停留时间短	在此旅游线路中，该景点处于次要地位，为亚旅游目的地

（三）结论

以九寨沟为核心吸引力进行产品整合的“九黄若线”已成为国内外游客前往四川旅游的首选线路之一。从资源特色角度出发，此条精品路线上有与九寨沟自然资源等级相似的国家 5A 级景区黄龙风景区，还有人文特色浓厚、中国保存最完整的羌族建筑遗产地桃坪羌寨，从资源等级上看，两者并不逊于九寨沟风景区。但与九寨沟风景区整合成团队游线后，包括以上两者在内的其他沿途景点都不同程度地处于九寨沟旅游形象遮蔽空间中，被动地从非竞争环境下的主流旅游目的地转变为亚旅游目的地。

因此，旅游线路的整合是把双刃剑，在分流主流、知名景点游客的同时，也极易产生主流旅游目的地的形象遮蔽现象，使自身限于亚旅游目的地的困境，还可能出现过分依赖线路其他景点客源，淡、旺季明显等现象。

二、综合因素测评法

衡量旅游地是否处于“亚状态”，需要全方位、多角度把握和梳理旅游地的发展现状。除线路设计鉴定法外，对单体旅游地可采用综合因素测评法评价其是否处于亚旅游目的地状态。经对比研究，本书认为综合因素测评法须考虑的因素包括游客人次、资源等级、交通区位、消费收入、品牌形象五方面。

（一）游客人次

旅游业得以发展的核心是游客。鉴定旅游地是否处于“亚状态”，不仅仅要对旅游资源等级进行评定。除游客的停留时间、旅游消费比例等因素，站在市场导向角度，游客人次（旅游者人数）也是衡量亚旅游目的地的关键因素。

资源等级较高的旅游目的地之所以受到旅游者的青睐，除本身的资源品质优势外，还归功于当地政府与旅行社等的合作和宣传。通常，市场占有率较高的旅游景区（点）比较容易受到政府的大力支持和旅行社的全力推广，因为这类旅游景区（点）发展比较成熟，拥有稳定的客源市场，容易树立具有辨识度的旅游形象。因此，判断旅游地是否在一定区域内为亚旅游目的地，可将旅游地在一定时期内接待的游客人次（Y）与同一区域内相同资源等级的旅游地游客平均人次（X）相对比，见表2-4：

表 2—4　旅游地游客人次（Y）与平均人次（X）对比表

Y 与 X 关系	旅游地状态	结论	建议对策
$Y<X$	表示在特定时间内旅游地游客人次少于同一区域内同等级旅游地平均人次	旅游地经营不善，成为亚旅游目的地，或极有可能走向“亚状态”	了解竞争对手的旅游形象和营销方式，找准旅游市场兴趣点
$Y=X$	表示在特定时间内旅游地与同一区域内同等级旅游地的游客人次持平	旅游地经营状况一般，可能面临生存困境	考虑旅游地现有产品体系和旅游形象的转型与升级
$Y>X$	表示在特定时间内旅游地游客人次大于同一区域内同等级旅游地平均人次	旅游地经营状况较好，在同等资源级别的旅游地中属于主流旅游地	维持现有旅游形象，开发新产品，延长产业链条

（二）资源等级

线路设计鉴定法及游客人次鉴定法都是在一定区域范围内旅游地的旅游资源处于相似等级的前提下才能发挥作用。而在特定的旅游区域或旅游线路上出现旅游资源等级不一致的旅游地时，通过旅游资源等级的对比，可以比较直观地鉴定旅游地是否处在“亚状态”。

一般来说，资源等级较高、产品品牌影响力较大的旅游景区，相对于资源等级较低、产品品牌影响力较小者往往更容易受到旅游开发商、当地政府和旅游者的重视。因此，资源等级高的旅游地通常开发比较早，市场知名度较大，具有比较鲜明的旅游形象。而资源等级较低的旅游地由于资金相对缺乏、人力资源较少、旅游吸引力较低等，不可避免地处于“亚状态”。可见，旅游资源等级的高低与产品品牌影响力的大小是甄别旅游地是否处于“亚状态”的重要依据。

（三）交通区位

当游客花费的交通时间长于游客在旅游目的地停留时间时，

游客将潜意识地对旅游地产生倦怠心理，并且随着时间之比的差异大小成正比波动。不论旅游地资源等级如何，旅游地距离主要客源市场地的距离及其可进入性始终是游客出游必须考虑的关键问题。当旅游者在选择两个或多个旅游资源等级相似或旅游形象相近的旅游目的地时，距离游客较近、可进入性较强的旅游地毫无疑问地成为优先选择对象，而其他距离客源市场地较远、可进入性较差的旅游地将处于被动的“亚状态”，从而影响旅游地的长期发展。

（四）消费收入

从旅游开发与经营角度看，同一旅游线路中的旅游目的地性质可通过旅游收入在同类旅游景区（旅游资源等级相似的旅游目的地）所占比例来衡量。一般来说，旅游资源等级相似的旅游目的地在捆绑式营销中，旅游收入所占比例较高的景点（区）比旅游收入所占比例较低的旅游目的地在旅游认知度和形象辨识度方面更具优势。而旅游收入所占比例较低的旅游目的地，更容易被其他资源等级相似或更高的景点（区）“遮蔽”，处于整条旅游线路上的阴影区。

旅游消费数量代表了某一旅游地的产品成熟度，初开发的旅游地因配套设施与旅游衍生品不完善，游客消费较少。旅游线路中顺访地的旅游景区由于游客停留时间短、知名度低等，也处于低消费地区。游客在主流旅游目的地停留时间长、消费欲望强、刚性消费多，且主流旅游目的地具备满足游客消费的产品和场所。因此游客消费数量与目的地收入是评价旅游地主次的重要指标。

（五）品牌形象

根据形象遮蔽理论，资源等级较高的旅游地会对资源等级较低的旅游地形成遮蔽空间，处于遮蔽空间之内的景点（区）将逐步成为亚旅游目的地。不仅亚旅游目的地可从旅游资源角度考量，旅游形象雷同度也是鉴定亚旅游目的地必须参考的因素之一。根据形象遮蔽理论（杨振之，2003），旅游资源等级相似的旅游目的地较早建立鲜明、独特的旅游形象，对其他同类旅游地形成遮蔽空间，从而抢先占领市场份额。

在日益激烈的市场竞争环境下，某一旅游地是否具有鲜明的旅游形象和高等级旅游品牌成为其能否跻身主流旅游目的地的必要条件。由于时间、金钱和精力有限，游客会优先选择知名度高、形象鲜明、品牌感召力强的旅游地作为出游目的地。国家5A级旅游景区、国家级风景名胜区、国家森林公园等国家品牌和世界自然遗产、世界文化遗产、世界地质公园等国际品牌成为吸引游客的金字招牌，直接决定了旅游地能否作为游客出游的首选。

第三章　亚旅游目的地生命周期与利益相关者研究

第一节　利益相关者研究的现状与进展

一、国外学者对利益相关者的研究进展

1963 年，斯坦福研究所（Stanford Research Institute）首先提出“那些如果没有相关企业组织群体支持将不复存在的群体”，并认为“那些相关企业组织”即“利益相关者”（stakeholder）。雷恩曼（Rhenman，1964）指出利益相关者依靠其他企业来实现自己的目标，这些企业存在相互依存的关系①。随后，越来越多的国外学者投入对利益相关者概念和分类的系统研究，并将目光转移到学科之间的交叉研究上。堂娜·迈尔斯、梅格哈·布德鲁克等（Donna Myers、Megha Budruk，2011）以美国西南部的矿业城镇（mining town）为例，对旅游目的地的可持续旅游发展过程中的利益相关者进行了探讨，认为社会、经济、文化及环境各领域中的利益相关者都将影响旅游地的可持续发展②。

亚松森·罗马内利（Asunción Romanelli，2012）等对阿根

---

① Strand R. Scandinavian Stakeholder Thinking：Seminal Offerings from the Late Juha Näsi [J]. Journal of Business Ethics，2015，127（1）：89−105.

② Donna Myers，Megha Budruk，Kathleen L. Andereck. Quality of Life Community Indicators for Park，Recreation [M]. Springer，2011.

廷对布拉瓦湿地盆地（La Brava Wetland Basin）公共稀缺资源（common pool resource）的利益相关者进行了分析①。莉萨·C. 切斯（Lisa C. Chase，2012）等认为旅游的发展将从不同方面影响利益相关者，一些利益相关者可能会在这一过程中获得生活质量的提升，另一些或许会遭遇生活质量的下降，当然，也会有部分利益相关者会经历综合的影响（mixed impacts）②。

二、国内学者对旅游利益相关者的研究概况

近年来，国内学者基于国外理论的研究基础，将利益相关者融入各个社会研究领域。旅游业由于涉及面宽、关联产业链长、利益相关者多，越来越受到学者的关注。国内对旅游利益相关者的研究主要是通过文献查阅、案例分析、资料整理等方法对国外旅游利益相关者理论进行梳理，部分学者探索了旅游产业、旅游参与者、旅游企业等利益相关者的相互影响机制。

李正欢、郑向敏（2006）首先对国外旅游利益相关者研究进行了综述，比较全面地梳理了西方国家旅游利益相关者研究的主流思想③。随后，郭华（2008）对国外旅游利益相关者的综述进行了补充，其主要采用实证研究，集中对旅游规划、管理与营销、旅游环境及社区参与中的利益相关者问题进行了分析④。宋慧晶（2011）对旅游利益相关者的道德建设进行了深入研究，指出旅游利益相关者可分为三个层面：以旅游者、居民、从业人员

① Romanelli Asunción，Lima María Lourdes，Quiroz Londoño Orlando Mauricio，Martínez Daniel Emilio，Massone Héctor Enrique. A Gis-Based Assessment of Groundwater Suitability for Irrigation Purposes in Flat Areas of the Wet Pampa Plain，Argentina [J]. Environmental Management，2012 (50)：490—503.

② John J. Daigle，Lindsay Utley，Lisa C. Chase. Does New Large Private Landownership and Their Management Priorities Influence Public Access in the Northern Forest [J]. Thomson Reuters，2012 (110)：89—96.

③ 李正欢，郑向敏. 国外旅游研究领域利益相关者的研究综述 [J]. 旅游学刊，2006 (10)：85—91.

④ 郭华. 国外旅游利益相关者研究综述与启示 [J]. 人文地理，2008 (2)：100—105.

为主的核心层，以旅游企业、开发商为主的战略层，以政府、非政府组织为主的外围层①。

三、国内外旅游利益相关者研究的不足

综上所述，国内外旅游利益相关者的研究已有一定基础，不少学者对旅游利益相关者进行了分类研究，但大多集中在宏观角度的归纳和定位，如旅游利益相关者的定义、术语的分类及种类的描述等。较少学者从微观角度关注旅游目的地各个阶段可能面临的不同利益相关者（群）。如哪些利益相关者（群）在旅游目的地探索初期、发展阶段及成熟时期扮演主要角色，哪些扮演次要角色？是否每个阶段的旅游利益相关者都为同一群体？他们之间的相互影响机制是什么？以上问题对旅游目的地，特别是正在发展中的亚旅游目的地意义重大，是值得旅游从业者和学者探讨的方向。

第二节　旅游目的地生命周期与利益相关者

根据 R. W. 巴特勒的旅游地生命周期理论，结合利益相关者定义，笔者对亚旅游目的地发展阶段和主要利益相关者进行了梳理，见表 3—1。

表 3—1　亚旅游目的地发展阶段及主要相关利益者

R. W. 巴特勒的旅游地生命周期	亚旅游目的地发展阶段	主要利益相关者
早期探险	资源发现与挖掘※	政府、旅游规划公司等
参与		

① 宋慧晶. 旅游利益相关者道德建设研究［D］. 太原：山西财经大学，2011.

续表3-1

R. W. 巴特勒的旅游地生命周期	亚旅游目的地发展阶段	主要利益相关者
发展	资源利用和探索※	政府、当地居民、旅游者、交通部门、旅行社、投资商、媒体、学者、相关企业等
巩固	资源整合与制度规范※	
停滞	资源枯竭※	旅游策划公司、旅游顾问、环保者（部门）、后世子孙等
衰退或复苏	景区转型	

注：※号表示该阶段不同生命周期旅游目的地通常会经历的发展阶段。

一、资源发现与挖掘阶段

和主流旅游目的地一样，大部分亚旅游目的地在早期阶段由于知名度不高，未经过专业规划，通常拥有数量较少、以散客（主要为探险爱好者、驴友）为主、非组团形式的旅游客源，如20世纪80年代末的九寨沟和90年代初期的成都乡村旅游。正是由于这些数量较少的外来人的到来，当地政府或相关部门逐渐意识到当地旅游资源可能带来的经济效益、社会效益。本阶段，旅游地开始形成最初的利益相关者，通常以政府为主要牵头部门，与旅游规划公司合作，共同制定旅游地的各类规划。此时，当地居民参与度不高，但随着旅游规划的进一步实施，旅游产业逐渐发展，居民将逐步意识到旅游开发对居住环境和生活的影响。

笔者曾对川西地区的主要景点进行实地调研，发现经历过资源发现与挖掘阶段的大部分主流旅游目的地和亚旅游目的地在旅游资源类型上均有相似之处，即以自然旅游资源为主要吸引物的景区（点）在发展初期几乎都因吸引自发性探险、观光、摄影、

登山等为主要目的的旅游爱好者而受到关注，代表性的景区如雅安碧峰峡、阿坝州四姑娘山、桃坪羌寨、毕棚沟等。本阶段，以政府相关部门和企业（如地方旅游局、旅游投资公司等）为主的利益相关者开始有意识地对受到关注的旅游地进行思考，站在统筹协调的角度，试图挖掘自然资源的经济效益和社会价值。目的地的居民也逐渐参与到旅游接待中，从中获取一定的经济利益。从整体上看，本阶段的利益相关者数量较少，以社区内部居民为主，外部力量介入不多。

二、资源利用和探索阶段

当潜在（旅游）资源受到政府部门等的重视时，政府或社区就将对旅游地有意识地进行统一规划和开发。随着外来游客的不断涌入和相关部门的日益重视，越来越多的社区居民逐渐意识到旅游业给本地带来的商机。此时，未经过统一包装和规划的商业业态以“点状布局”的模式出现在旅游地，以“小规模、零散型、低规格”为特征形成最初期的商业业态格局，并在一定程度上满足资源开发初期外来游客的“食、住、行、游”等最基本需求。总体上，本阶段旅游地的旅游产品丰度不高，旅游服务设施仍不完善。

在发展相对成熟的旅游目的地，由居民或外来者自发组织形成的商业业态由于缺乏管理或对环境、旅游地形象造成影响，可能会面临被景区管理部门禁止的困境。探索阶段的亚旅游目的地由于游客量相对较少，基础设施尚不完善，未形成完整的旅游产业链条。游客的食、住、行、游、购、娱需求缺乏配套设施，需要由当地居民自发引进而非政府组织的旅游业态支持。正是有了这些居民（商贩），政府作为景区管理的领导者，为了景区长远发展和统筹规划，开始以主要利益相关者的身份参与商业业态的合理布局和规划，通过招商引资，旅游开发商也逐渐进入景区，参与到景区开发运营中。

三、资源整合与制度规范阶段

旅游目的地经过初期发展，利益相关者的数量和范围都在发生改变，通常呈现出“由少到多，从点到面”的趋势，商业业态也逐步走向多样化和丰富化。

本阶段，在政府协调下，旅游投资商、规划者、经营者逐步介入当地旅游的长远布局，当地居民也更加意识到旅游发展能够为其带来巨大利益，参与景区运营的主动性增强，部分居民能站在利益相关者角度关注旅游业发展。原本零散的各类资源在政府、旅游投资者、旅游经销商、旅游中介等利益相关者的串联下得以整合，并形成一系列相对规范的制度和措施保障旅游景区的正常运营。本阶段主要利益相关者及其职责如图 3-1 所示。

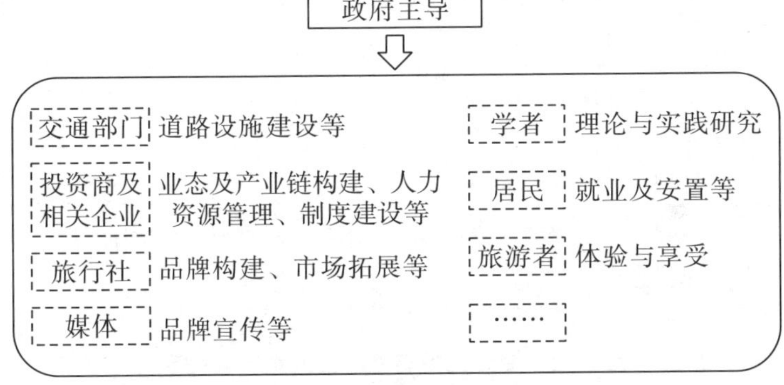

图 3-1　本阶段主要利益相关者及其职责

图 3-1 中，政府作为主导者协调各个利益相关者，其主要职能是招商引资、统筹旅游开发、保护和监督公共资源的使用（如土地流转、环境保护与建设、居民就业与红利的分配）等。但从我国目前发展相对滞后的亚旅游目的地看，本阶段的各个利益相关者通常处于“单打独斗”状态，相互之间缺乏沟通与联

系。本阶段涉及的利益相关者数量增加，范围变广。所涉及的利益链复杂多元，各利益相关者之间的博弈产生。

四、资源枯竭和景区转型阶段

经历上述三个阶段，旅游目的地迎来“生命”中的分水岭。随着时间的推移，旅游地的经济效益与知名度提升、市场份额扩大几乎都与资源耗损程度成正比。本阶段，旅游地的资源耗损达到高峰值，当地政府、居民、旅游顾问、环保者（部门）等多方面利益群体开始意识到旅游地可能陷入资源过度使用导致资源缺乏的困境。他们可能会考虑延伸旅游地利益相关者链条，邀请旅游策划（规划）公司、行业专家（学者）等对旅游地的未来发展重新进行规划，尽可能创新旅游地资源，增强各类资源的生命力和吸引力，寻求一条资源可持续发展之路，避免旅游地走向亚旅游目的地困境。资源使用与旅游目的地发展关系如图 3—2 所示。

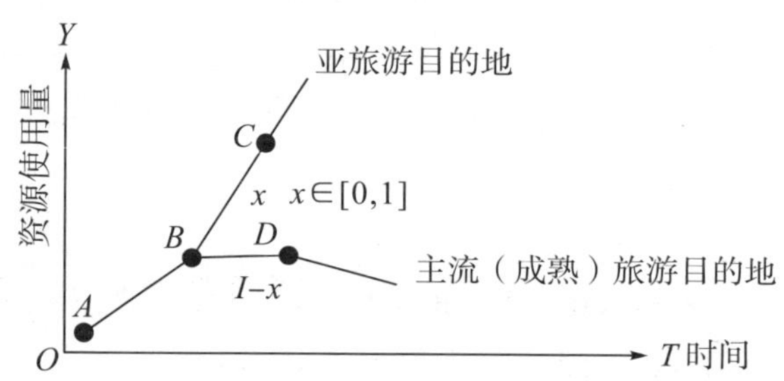

图 3—2　资源使用与旅游目的地发展关系

图 3—2 从旅游地资源使用角度，揭示了旅游目的地的发展规律。可以看出，旅游目的地不得不消耗各种资源来进行景区开发，吸引旅游者，维护日常运营。但旅游资源也存在一定生命周期，如果旅游地过于注重经济效益，长期处于资源耗减状态，则可能导致旅游地转变为亚旅游目的地。随着时间变量增加，资源使用量逐步上升，旅游地很可能资源枯竭，吸引力逐步下降，很

容易因同类旅游地的形象遮蔽而走向衰落。

假设由于缺乏相应的保护措施造成资源过度使用而使旅游地走向“亚状态”的发生概率为 X（$X\in[0,1]$），那么其对立面则是“$1-X$（$X\in[0,1]$）”，意味着随着资源耗减，旅游地的利益相关者注意到旅游地资源开发的有限性和可持续发展的重要性，开始采取有利于旅游地可持续发展的措施，甚至放慢经济发展步伐，将注意力转向环境保护、生态系统构建、资源再生等。

第三节　案例研究

被列入“世界自然遗产名录”，荣获“国家5A级旅游景区”等多项殊荣的九寨沟风景区（以下简称九寨沟）从20世纪60年代开始，其利益相关者经历着如下变化（图3—3）：

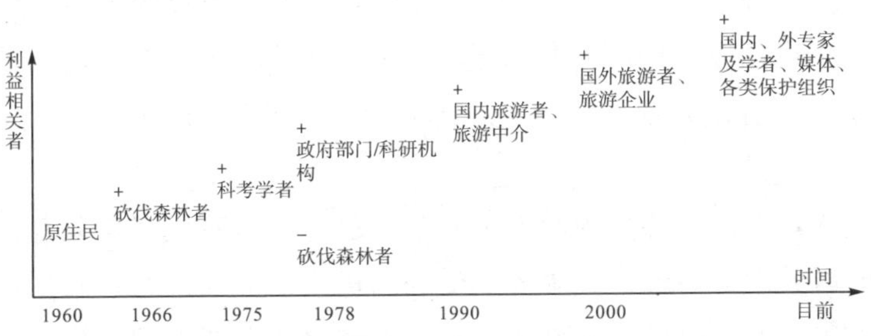

图3—3　九寨沟旅游发展与利益相关者

由图3—3可知，经过五十多年的发展，九寨沟利益相关者数量和类型的变化一直与旅游业的开发状态和生态系统保存状态紧密相连。在九寨沟尚未开发旅游时（1960—1975年），主要利益相关者有原住民、砍伐森林者（伐木工人）及科考学者。伐木业使沟内森林资源受到破坏，严重危害了九寨沟的生态平衡。旅游地利益相关者的数量和范围并不是一定随着时间的推移而呈现出递增趋势，而是与当地旅游发展的需求成对应关系。1975年，

科考学者进驻九寨沟，对其生态资源进行了价值评估，提出了开发旅游、保护生态的发展对策，伐木业逐渐退出九寨沟，初期的利益相关者伐木工人也逐渐消失。1978 年，九寨沟开始吸引少数以探险、观光为旅游目的的旅游者，同年，政府部门和科研机构等加入九寨沟利益相关者链条，明令禁止森林砍伐，并成立了国家级自然保护区。1980—1990 年，九寨沟旅游业开始兴起，国内旅游者和旅游中介等与旅游业密切相关的群体成为九寨沟新的利益相关者，景区旅游影响力扩大，但游客数量尚在可控范围之内。随后十年，国外旅游者数量激增，九寨沟在国际旅游业中占据一席之地，由于旅游企业的支持和投资，酒店、娱乐设备、道路等景区基础设施得以进一步建设，但随着知名度不断扩大，沟内森林生态植被、水资源受到一定影响。2000 年后，特别是近五年，由于生态系统的严重衰退和游客量的持续增加，九寨沟受到国内外专家（学者）、媒体及各类保护组织等的关注。旅游业处于成熟发展期的九寨沟更加意识到环境与生态对当地的重要意义，利益相关者齐聚一堂，试图探寻一条生态保护与旅游发展并进的平衡之路。

大量国内外游客的涌入为九寨沟创造了可观的经济效益，但同时区域内的动植物资源等也受到了极大的威胁。为缓解景区矛盾，突破发展瓶颈，2010 年，有学者在首届九寨沟智慧景区论坛上提出了“智慧景区”这一概念，并借助国家“863”重大课题平台，运用集成高速的双向通信网络和先进的传感技术对景区进行全面智能化建设，成功地将景区原有的纯商业化运作模式过渡到重视公共安全与服务体系建设、环境质量监控与游客满意度提升等方面的智慧景区模式，从景区自然资源消耗转向资源保护与再生，实现了区内道路设施、自然资源、游客等各种资源相互整合和优化，使以自然风光为主要吸引力的九寨沟有效地避免了资源枯竭和衰退。借助智慧景区建设，九寨沟顺利迈入景区的转型与升级之路。

九寨沟作为世界自然遗产旅游地，以极高的资源等级、独特的文化气息和强大的政策支持，借助智慧景区建设“华丽转身”。但九寨沟旅游的成功升级尚属旅游界的个案。我国西部地区尚有若干知名度较低、资源等级一般、品牌形象相似的旅游景区处于“亚状态”，由于缺乏资金或人才的支持，这类旅游地长期面临被区域内其他同类型旅游景区“遮蔽”的威胁，且存在利益相关者之间的沟通与交流渠道不畅通、信息不一致等问题，是值得旅游学界继续研究的重点问题。

第四章　亚旅游目的地营销研究与形象升级

第一节　亚旅游目的地营销研究

一、何谓亚旅游目的地营销

在旅游业发展过程中，营销是永恒不变的主题。随着各地纷纷将旅游业作为主导产业加以推进，旅游景区（点）如雨后春笋般涌现。据统计，截至 2015 年底，全国景区（点）数量达到 21.5 万个，其中 A 级景区超过 7000 个。截至 2010 年底，国家验收通过的中国优秀旅游城市达 337 个。除现有旅游地外，另有大量旅游项目处于建设阶段，2016 年投资额在 10 亿元以上的旅游项目达 2730 个。旅游地的竞争日益激烈，在产品实力相当的情况下，营销的决定性作用日益凸显。

所谓亚旅游目的地营销，即通过创新的营销方式，将知名度低、非游客首选旅游地包装并推广为知名度高、游客首选旅游地的过程。在我国众多旅游地中，亚旅游目的地占大多数。亚旅游目的地不但要与众多知名的主流旅游目的地竞争，还要面临更多的同类型亚旅游目的地的竞争。因此，如何精准、高效、科学地发挥营销优势成为亚旅游目的地能否成功转型的关键之一。

二、亚旅游目的地营销策略

主流旅游目的地已经在客源市场形成了较强的形象认知，部分旅游景区如长城、故宫、乌镇和部分旅游目的地如上海、北京、苏州等还具有国家营销的背景，因此主流旅游目的地以较少的营销投入即可获得较大的营销效果。相比之下，亚旅游目的地的营销均由当地政府或旅游项目投资者发起，难以借助已经形成的旅游印象或国家营销力量。因此，亚旅游目的地应注意采取更经济且有效的营销策略，可灵活运用以下策略。

（一）体验营销

随着物质生活的极大丰富，人们逐渐摆脱了单纯物质消费的禁锢，开始在物质消费的同时追求更好的身心体验。体验在人们的生活中无处不在，从越来越多的主题餐厅、主题酒店带给人们的生活体验，到日益平民化的歌剧、话剧、电影等文化消费产品带给人们的身心体验，体验逐渐成为新时代居民生活的主题。旅游作为一种精神消费过程，本身即是一种体验活动。游客通过花费时间、金钱、精力而获得某种不同于平常生活的体验，满足放松身心、回归自然、增长知识等心理需求，获得美好的回忆。

在营销过程中，让消费者通过获得较好的顾客体验而加深品牌黏度是经营者常用的营销策略。伯恩德·施密特（Bernd H. Schmitt）在《体验式营销》一书中将体验分为知觉体验、思维体验、行为体验、情感体验、相关体验五种形态，经营者可以从这五种体验形态出发制订全方位的营销体验计划。目前，体验营销已经被广泛应用于房地产、互联网、零售店、影视传媒等行业。体验营销在旅游业中的应用也较为广泛。例如：旅游酒店不定期遴选游客作为“试睡官”，借以宣传酒店的优质服务；旅游景区在重点城市商业区开设 VR 体验中心，让游客体验景区产

品，激发游客的旅游动机；旅游纪念品店提供多种产品的试用服务等。相对于实物型产品体验营销，旅游体验营销更关注游客的情感、文化、娱乐、美学等方面的体验度。

亚旅游目的地的营销资金没有主流旅游目的地充沛，难以采用大平台、高频率、长时间的轰炸式营销方式。为获得更好的营销效果，体验营销可作为亚旅游目的地的主要营销策略之一。在营销过程中，亚旅游目的地可在主要客源市场核心商业区、火车站、汽车站等人流密集地设置体验中心，采用 AR、VR、AI 等技术将旅游地推介给潜在客群；也可面向全国招聘旅游体验官、服务监督员、旅游形象大使等，邀请不同的游客体验景区产品；还可通过拍摄情感故事、娱乐视频等方式对景区加以宣传。

（二）自媒体营销

自媒体（we media）也被称为个人媒体，是指以个人或组织形式，采用自编、自导、自演等方式形成规范性或非规范性信息并对外传播至现代化媒介中的新媒体。自媒体的类型包括微信、微博、BBS、博客、短视频网站等。以自媒体形式进行的营销宣传活动被称为自媒体营销。自媒体营销具有客群精准、费用低廉、传播迅速、影响力大等优点，是互联网时代涌现的营销新形式。

在自媒体时代，每个人都是营销中心。亚旅游目的地可充分借助自媒体营销技术，以有限的营销经费创造最佳的营销效果。如在旅游建设和运营中注意创造自媒体营销点，包括特色景观小品、文化创意业态、网红打卡景点等，此时一棵树、一片瓦、一辆车都有可能成为营销热点，带动旅游地整体形象的传播。

自媒体营销在带给亚旅游目的地更便捷高效的营销方式的同时，也会带来潜在隐患。由于亚旅游目的地相对主流旅游目的地在配套设施、服务质量、产品特色等方面仍不完善，游客在旅游过程中的不良体验有可能通过自媒体扩散到更大范围，对旅游地形象产生损害。这就要求亚旅游目的地的管理、运营和营销部门更加关注细节，避免在服务细节上影响游客体验。同时要及时关注网络热点，发现问题后及时处理并反馈，避免更大的损失。

（三）事件营销

事件营销（event marketing）也叫活动营销，是指通过策划、组织或利用具有新闻价值的人或事以宣传企业形象、提高品牌知名度和美誉度的营销方式。事件营销可大可小，费用可高可低，既可通过参与奥运会等重大事件达到营销目的，也可通过蹭热点歌曲、造网红事件等方式寻求社会关注。事件营销只要运用得当，就可协助企业快速实现品牌认知与形象传播的目的，达到良好的营销效果。

亚旅游目的地通过灵活运用事件营销，可以节约营销经费，在主流旅游目的地的“遮蔽”之下另辟蹊径，实现突围。事件营销的关键在于事件主题和内容遴选，亚旅游目的地应根据本地文化风俗、资源特点等选择既具有社会关注度又不会对地区形象造成负面影响的事件，在正向、积极的事件场景中引导事件发生和发酵。同时注意选择合适的传播渠道，制作不同的传播材料以适应自媒体和公共媒体不同的渠道特征。最后，营销者还应做好应急预案，随时关注舆论导向，及时发布资讯引导舆论朝有利于旅游地的方向发展。

三、西部地区亚旅游目的地营销实证研究

（一）从全国视角看西部地区的旅游地位

旅游收入和旅游人次是确认旅游目的地性质的关键指标。对比近三年（2015—2017 年）全国各省（市）旅游收入和旅游人次数据可知，全国前五名的省份基本固定为广东、江苏、浙江、山东、四川，连续三年排进全国前五的西部省（市）只有四川。

三年来旅游收入和旅游人次排名前三的省（市）均位于我国东部。从全国范围看，东部仍然占据主流旅游目的地位置，西部在旅游收入和旅游人次方面并不占优。2015—2017 年我国各省（市）旅游数据前五名对比见表 4-1。

国家 5A 级景区数量区域分布图如图 4-1 所示。国家 5A 级景区数量省（区）分布图如图 4-2 所示。

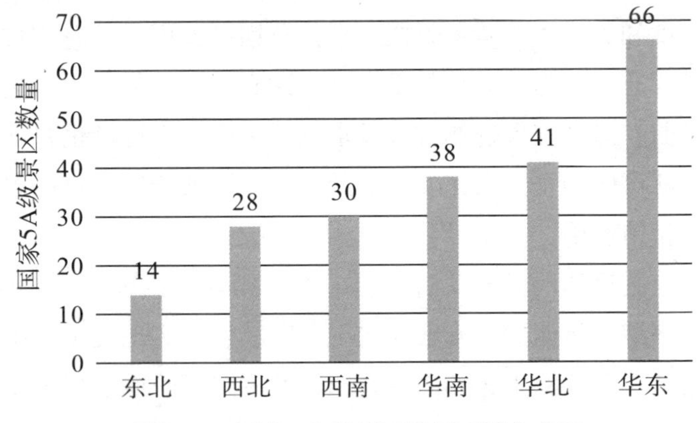

图 4-1　国家 5A 级景区数量区域分布图

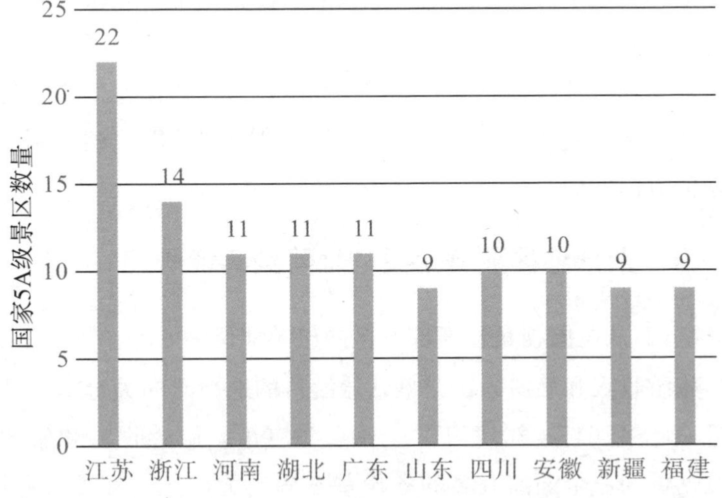

图 4-2　国家 5A 级景区数量省（区）分布图

表 4-1　2015—2017 年我国各省（市）旅游数据前五名对比

2015 年				2016 年			2017 年		
排名	省份	旅游收入（亿元人民币）	旅游人次（万人）	省份	旅游收入（亿元人民币）	旅游人次（万人）	省份	旅游收入（亿元人民币）	旅游人次（万人）
1	广东	10365	84817	广东	11560	39000（过夜）	广东	11993	44400（过夜）
2	江苏	9050	62239	江苏	10200	68000	江苏	11600	74700
3	浙江	7139	53500	浙江	8093	58400	浙江	9322	64100
4	山东	7063	66000	四川	7706	63308	山东	9200	78000
5	四川	6210	59274	河南	5764	58300	四川	8923	67000

备注：数据来源于各地统计公报。

在旅游吸引物方面，国家A级景区的数量在一定程度上代表着区域旅游业发展水平，5A级旅游景区是区域旅游发展的发动机。从我国5A级旅游景区的分布情况看，东部地区（华东、华北、华南和东北）的5A级旅游景区数量为159家，远高于西部地区（西北、西南）的58家，体现出绝对优势。从各省5A级旅游景区数量来看，全国前十名中仅有四川和新疆为西部省（区），且两者排名靠后。

东部地区无论是在交通条件、经济发展还是人均收入、消费能力等方面都具有明显优势，在旅游收入、旅游人次、高等级景区数量等方面远超西部地区。东部地区旅游目的地的强势发展，对西部地区旅游目的地的未来发展形成了一定的遮蔽效应。特别是西部欠发达的亚旅游目的地，由于知名度较低、基础设施建设不够完善、资金投资欠缺、旅游形象不够独特等，未能完全实现旅游资源的优势转化。东、西部地区旅游目的地的差距仍在进一步扩大。

西部地区拥有12个省、市、自治区，面积占全国总面积一半以上，在我国旅游业发展中占据举足轻重的地位。但从目前西部地区旅游产业的发展现状看，其经济效益、社会效益与旅游资源本身的资质存在不对等和非正比关系。西部地区旅游目的地还有极大潜质有待挖掘。在区域经济、区位交通、人均收入等方面均不占优的情况下，区域内部旅游市场增长仍需时日。如何通过高效率的旅游营销吸引更多海内外游客赴西部地区旅游，成为当前西部地区省（市）应该思考和解决的问题。

（二）西部地区亚旅游目的地营销优劣势分析

1. 西部地区亚旅游目的地营销优势

（1）资源优势。

西部地区面积广阔，既有繁华都市，也有高山大川，旅游资源异常丰富，景区各异。总体上看，西部旅游景区在国内外的整体形象是生态、淳朴、奇异之地。良好的生态环境、淳朴的民风民俗、奇异的自然山水是西部旅游景区吸引国内外游客的重要原因。在资源特色上，西部地区拥有东部地区无法比拟的原生态自然资源与民族文化，为营销活动提供了天然素材。

（2）形象优势。

我国西部地区的自然、神秘、原乡、淳朴等区域形象已经在国内外市场有一定影响，且与东部地区的旅游形象形成较强对比。游客希望看到高山大川、民族风情、原乡景象的第一选择即是到西部地区去。在相对清晰的宏观区域形象之下，各地依附区域形象形成差异化的地区形象，可形成旅游营销的集群优势。

（3）政策优势。

我国西部大开发战略为西部地区旅游地开展旅游营销活动提供了众多支持，既有国家对外宣传的平台优势，也有在税收、财政等政策上的支持，还有诸多国家和区域组织的宣传对接机遇。从全国范围看，西部地区的亚旅游目的地状态也在发生变化，四川、云南、贵州等地的旅游业在国家和区域支持下逐渐崛起，旅游业实力不断接近东部地区。

2. 西部地区亚旅游目的地营销劣势

（1）区位劣势。

西部地区相对来说远离京津冀、长三角、珠三角等国内主要客源市场，更远离日韩、东南亚等主要海外客源市场，区位优势不突出。当然，随着我国高铁网络的不断完善，区位劣势将逐渐减小。

（2）资金劣势。

西部地区各省（市）经济实力与东部地区相比尚有差距，旅游营销资金普遍没有东部地区充裕，在大投入、高平台、长时效

的传统营销中缺乏竞争力，这使得西部地区在海内外旅游营销中处于相对弱势。

（3）产品劣势。

在优质资源基础上打造优质产品是亚旅游目的地向主流旅游目的地转型的前提条件。旅游营销是对旅游产品的营销，只有优质的旅游产品才能带给游客优质的旅游体验。优质的旅游产品需要政府、社区或旅游投资者长时间建设、管理、运营之后才可形成。相对而言，西部地区的旅游开发时间较短，旅游投资规模有限，在旅游产品种类和品质上相对欠缺，给旅游营销带来一定影响。

（三）西部地区亚旅游目的地营销禁忌与策略

1. 宜正向营销，忌哗众取宠

西部地区自然资源丰富，人文兴盛，其重要的旅游形象即原生态、淳朴、天然，与东部的繁花锦绣、喧闹熙攘截然不同。因此，西部地区亚旅游目的地宜采用正向营销，避免出现与形象不符的“眼球营销”事件。近年来，“人体彩绘”“处女采茶”“美食女体盛”“景区生态裸泳”等旅游营销事件层出不穷，每一次都引起社会的广泛关注，看上去达到了较好的宣传效果，但以色情、艳俗、伪艺术形式进行的“事件营销”，往往昙花一现，并未给旅游目的地带来持久关注和良好声誉。

亚旅游目的地通过“博眼球”的营销方式可以在短期内迅速吸引社会关注，引发舆论争议，对提高知名度有一定帮助。但知名度仅仅是旅游地品牌资产的一部分，旅游地的美誉度、认知度在很大程度上决定了市场号召力，单纯靠碰触社会道德底线吸引人们眼球，对亚旅游目的地的可持续发展并无益处。

2. 宜特色营销，忌平铺直叙

旅游地常用的营销方式包括广告促销、销售促进、公关销售等几种。东部地区主流旅游目的地资金雄厚，可以采用无差异化的整体营销模式获取社会关注。西部地区相对薄弱的亚旅游目的地，其营销成功的关键是将营销方式与旅游地的实际情况联系在一起，以创意博取关注，以特色吸引眼球，使传统方式出新意，积极引进营销新策略。这样才能避免在宣传上雷同。

旅游目的地营销中最核心、最关键的应该是挖掘并传播自身最具特色的。实际上，景区营销应该是一门科学，这门科学包括五个知道：第一，要知道自己的特色是什么，也就是自己的核心竞争力是什么，能带给游客的核心价值是什么，这方面很多景区并不清楚。第二，要知道自己的市场在哪里。第三，要知道自己的市场需要什么。第四，要知道如何将自己的核心价值准确、高效地传递到目标市场。第五，要知道如何建立顺畅的反馈机制，收集目标市场的意见和建议。

3. 宜重视规划，忌随心所欲

旅游营销是一个系统工程，是一门科学，绝非一个广告语、两句口号、几张传单即可解决的问题。国内成功的景区营销案例比较多，如湖南张家界飞机穿越天门山的事件营销、海南三亚借助博鳌论坛的会议营销、广西桂林以张艺谋《印象·刘三姐》实景演出轰动一时的创意营销、四川九寨沟小萝莉网络营销等。这些看似简单的营销事件，背后无一不是详细、周密的营销计划与安排。

不仅是西部地区，从全国范围看，我国旅游营销规划均存在三个主要问题：第一，重视程度不够，表现在经营单位重视旅游地的总体规划、详细规划、项目策划等建设型规划，而忽视对营销方面的规划。第二，编制单位水平不高，特别是专门进行旅游营销策划的机构较少。第三，编制思路僵化，创新性不强，仍局限于传统传媒的营销，没有与互联网时代对接。因此，西部地区

各亚旅游目的地需要制订短、中、长期结合的营销规划，按照规划逐步、分批实施营销策略，以形成系统、统一、持续的旅游营销影响力。

案例4-1 重庆市石柱县金花村的营销策划

一、案例背景

重庆市石柱县金花村距著名的避暑度假地黄水镇区三公里，是黄水镇唯一的贫困村，主要产业为普通水稻、蔬菜、瓜果种植，处于黄水镇避暑度假地的形象遮蔽之下。本部分节选了笔者主持的《石柱县黄水镇金花村田园综合体总体规划》（成都万城文化传播有限公司，2018）中的营销策划部分，供读者参考。

二、营销策划

（一）立体化营销平台

强化广告覆盖，吸引本地游客，留住过境游客。

1. 电视媒体

在重庆卫视及石柱电视台等投放广告，播放金花村旅游形象宣传片。

2. 报纸杂志

在重庆市有影响力的地方报纸（如重庆日报、重庆晚报等）定期投放广告；在国内有影响力的旅游杂志发表关于金花村的文章或发布景区的广告，宣传金花村主题形象、主题项目和特色活动。

3. 张贴及装潢类广告

在黄水镇区、悦黄路沿线及石柱县城设置景区广告牌。

4. 视频传播

制作网友旅游视频，拍摄金花村微电影，通过优酷网、土豆网上传并结合社交网络广泛转发。

5. 社区网站

在马蜂窝、驴妈妈、途牛、天涯社区和本地石柱生活网、石柱论坛等热门网站论坛发帖（旅游游记、旅游指南、优惠活动、景点介绍专题、民宿介绍专题、美食介绍专题、节事介绍专题等），制造与金花村有关的热点话题，发起金花村旅游体验师活动。及时根据市场情况调整合作媒体网站和宣传主题。

6. 自媒体营销

利用微信朋友圈、微博等自媒体，发起寻找最美乡村、朋友圈晒图大赛等活动。

案例评析：项目投资方拥有强大的资金实力与资源支持，因此可采用排他性的营销策略，在主流媒体发出强势声音。

（二）多元化营销渠道

联合线上线下旅行社，采用多种模式多元营销。

1. 传统旅行社营销

建立区域旅行社合作关系，不断拓宽与重庆主城区、石柱、利川等地旅行社的合作。通过设计主题特色路线，将石柱县的重要景点大风堡、千野草场、西沱古镇串联。

2. 在线旅行社（OTA）营销

与国内OTA合作，搭建旅游网络信息平台，进行旅游形象宣传，完成线路、景区、酒店、餐饮、娱乐等旅游产品的打包或零散分销工作。

3. 俱乐部营销（主要针对度假住宿客源地）

联合客源地自驾车、户外、拓展训练等专业俱乐部举行主题活动，达到宣传推广的目的。

（三）网络化媒体运作

搭建信息平台，共享旅游资讯。

1. 官方网站

请专业团队制作高水准的景区官方网站，打造“金花里”官

方微博，贴合景区风格，专人管理，突出景区特色，将官网打造为各项活动、旅游政策、行业动态的首要发布地，保证信息的时效性。

2. 微信

以“金花里”作为微信公众号名称，定期发布金花村旅游动态，并且增加以下内容：景区导览信息及景点分布图，金花村高清地图、视频、线路攻略、语音导览、天气预报、交通路况，导游查询及预约。

3. 微电影

拍摄以“金花里”为主题的微电影，剪辑后，30～60 秒版本可在电视上播出，1～3 分钟和超长完整版可以在网络上播放。

4. 微博

以“金花里”为主题，发布各项内容：旅游优惠折扣活动，特色景点、美食、趣事分享，当季主打推荐和线路规划。

5. 社交网络

招募旅游达人到景区体验，并发表体验文章到个人微博或微信，再转发到金花村公众号或微博。

6. 与旅游网站合作

与重庆各主要网络搜索引擎（重庆之窗、重庆旅游网）和一些热门站点进行友情链接。借助各大平台网站（百度、凤凰、新浪、腾讯等），设置专区专栏，介绍金花村景点设施建设、实时动态、节庆活动、优惠信息等。

（四）综合性节庆活动

打造全体验节庆活动体系，聚集人气。

通过在旅游旺季举办各类节庆活动，吸引黄水镇区度假游客，带旺金花村人气，提高金花村知名度。七月主要节庆活动见表 4—2。八月主要节庆活动见表 4—3。

表 4－2　七月主要节庆活动

时间	节庆	地点	内容
第一周	石柱乡村美食节	友谊组	乡土菜品大赛、重庆小吃展、海外乡土小吃展等
第二周	重庆番茄文化节	金花里	番茄大战、番茄创意赛、番茄大王评选等
第三周	重庆田园养生文化节	金台组	田园养生论坛、茶油研发成果展、中医养生体验等
第四周	黄水星空露营节	金台组、友谊组	星空露营、木屋露营、树屋露营、帐篷露营等

表 4－3　八月主要节庆活动

时间	节庆	地点	内容
第一周	森林探险文化节	森林乐园	森林定向运动、拓展训练、高山滑道比赛等
第二周	田园霓裳乡村灯会	友谊组	做灯、赏灯、猜灯谜
第三周	田园音乐节	入口服务区	举办草根音乐表演、少年曲艺大赛等
第四周	金花田园狂欢节	入口服务区、友谊组	3D 艺术大赛、田园迪士尼稻草人大赛、田园假面舞会等

三、营销推广步骤

（一）2018 年

以形象传播为主，导入企业形象识别系统（CIS）。在金花村入口处、悦黄路沿线、黄水换乘中心、石柱县站等场所实施金花村的宣传旅游形象传播策略。

新媒体营销：大力发展网络营销，与各大门户网站、主要网络搜索引擎和热门站点合作。创建景区官方微博和微信，实时跟进金花村各景点设施建设、节庆活动、优惠活动等。

注重公众传媒营销：在本地市场的报纸杂志、电视、广播电

台和户外广告等进行广告宣传，在交通要道、主要干道、汽车站、宾馆大厅等张贴金花村的海报或用滚动视频的形式进行宣传。

（二）2019—2020 年

制作“金花里”专门网站，并在网络上链接推广；设计明信片、挂历、台历、电视广告片等。

建立灵活的价格体系来增强吸引力和缩短旅游淡季，同时推出相应的淡季旅游产品。

选择一批关键的公众人物，不定期地向他们寄送宣传资料和最新信息，充分发挥他们的口碑宣传作用，以树立金花村的良好口碑。

以节庆活动策划为突破口。策划和举办各类节庆活动，打造主题活动体系，开发一系列主题活动吸引大众游客。

（三）2021 年

将面对旅游者的直销与面向旅行商的营销相结合，形成立体宣传促销的复合效应；稳固启动客源市场，重点拓展主力客源市场，渗透和培育其他辅助市场，稳定推进远程客源市场开发。

对于启动客源市场，根据时间和距离上的特点，着重开发面对公众的促销活动，刺激市场需求的增长，拓宽客源面。对于主力客源市场和辅助市场，着重开展对旅游批发商、代理商的促销活动，更多地发挥市场中介商的作用。

将常规线上线下宣传活动与分期专题促销、重点突破相结合，形成持续性与轰动性相结合的连续宣传。

第二节　亚旅游目的地形象升级

对旅游地形象的研究在国内外并不少见。旅游地的开发历程可以理解为旅游形象定位与更新的过程。也就是说，每一个景区从开发前的产品选择到开发时的市场筛选，都与旅游形象的研究密不可分。在旅游地允许开发的范围内，如何整合和重组可利用的一切优势资源，建立最吸引游客，最有利于开发商、居民、当地政府等相关利益者的旅游形象，是旅游界值得研究的课题。然而，目前对旅游形象的把握尚处于描述性与总结性的探索阶段，从我国某些著名景点的"强势旅游形象"对同一区域内其他亚旅游目的地造成形象遮蔽这一屡见不鲜的例子可见端倪。目前，从形象遮蔽与形象叠加理论角度来研究旅游形象的相关文献甚少。国内外许多学者已关注到该理论的实际研究价值，并参与到相关课题的研究。因此，本书以目前学界相关的研究理论为基础，对比国内外研究现状，旨在为我国亚旅游目的地树立具有竞争力的旅游形象提供新思路。

一、旅游目的地形象研究现状

（一）国外文献研究

国外学者倾向于通过田野考察对旅游目的地形象（tourism destination image，TDI）进行实证研究。安吉拉·菲尔普斯（Angela Phelps）是较早关注旅游目的地形象的学者，她于1986年以西班牙梅诺卡岛（Menorca）为例，对度假目的地形象（holiday destination image）的评估问题进行了研究，提出了影响游客决策的度假地二次印象（secondary image）的评估方法[①]。威廉·C. 高德纳（William C. Gartner，1986）认为形象不仅是简单的认知，人们对品牌的认同和对不同吸引物属性的认知会交错形成复杂的国家印象（state image），因形象改变发生的短暂影响可能会影响产品定位（product positioning）[②]。恩里

① Angela Phelps. Holiday destination image-the problem of assessment: An example developed in Menorca [J]. Tourism Management, 1986 (7): 168−180.

② Gartner W C. Temporal influence on image change [J]. Annals of Tourism Research, 1986 (13): 635−644.

克（Enrique Bigné Alcañiz，2009）等从旅游者对目的地的全面感知和未来行为意图（future behaviour intention）方面分析了目的地形象的认知成分（cognitive component）[①]。随后，塞母斯（Seyhmus Baloglua，1999）运用路径分析法（path analysis）证明了度假地形象的形成取决于刺激因子（stimulus factors）和游客特点（tourist characteristics）[②]。比涅（Bigne，2002）等站在游客对旅游目的地形象感知（the image of a destination as perceived by tourists）及其行为意图（their behavioural intentions）和购后行为评价（post-purchase evaluation）之间关系的角度，采用结构方程模型，以西班牙瓦伦西亚海岸（valencian coast）为例，分析了游客满意度、游客推荐度及回头客之间的联系[③]。

近年来，市场营销、品牌塑造、游客忠诚度以及利益相关者等研究角度也成为国外学者关注和研究旅游形象的切入点。安东尼奥（António Manuel Martins de Almeida，2010）以马德拉群岛（Madeira）为例，运用多元化描述分析法，以社会经济、旅行相关的（travel-related）因素以及认知和情感（cognitive and emotional）因素为依据，构建乡村旅游形象，以吸引更多游客参与到当地乡村旅游产业中[④]。潘冰、李想（2011）以中国为例，研究了中国目的地形象的语言结构（linguistic structure），

---

① Alcaniz E B, Garcia I S, Blas S S. The functional-psychological continuum in the cognitive image of a destination: A confirmatory analysis [J]. Tourism Management, 2009 (30): 715-723.

② Baloglu S, McCleary K W. A Model of Destination Image Formation [J]. Annals of Tourism Research, 1999 (26): 868-897.

③ Bigne J E, Sanchez M I, Sanchez J. Tourism image, evaluation variables and after purchase behavior: inter-relationship [J]. Tourism Management, 2001 (22): 607-616.

④ António Manuel Martins de Almeida. From island mass tourism to rural tourism In Madeira: Is there a place for a re-definition of islands' image [J]. Polytechnical Studies Review, 2010 (8): 97-110.

认为目的地形象不仅受许多流行词掌控，而且在一些缝隙市场（small niches）也尤为重要，从谷歌（Google）搜索的关键词看，这些词语也常常被旅游者检索[①]。阿瑞杰·沙比·阿闹答（Areej Shabib Aloudat，2013）等采用问卷调查法分析了游客在约旦（Jordan）旅游前后对约旦旅游形象的态度认知[②]。菲比安娜·宫丁·玛如缇（Fabiana Gondim Mariutti，2013）等采用定性研究方法，从美国旅行社和旅游专家角度揭示了巴西旅游形象的多样性和模糊性（diversity and ambiguity），并对其旅游形象的正、负影响进行了分析[③]。

（二）国内文献研究

目前，旅游目的地的形象升级和转型途径已成为国内规划界和旅游界学者热议的话题，研究主要集中在游客满意度、旅游地评价系统和市场竞争力三方面。学术界的代表观点有：王晞（2006）提出了旅游目的地形象系统的三元核心结构，即现实形象、媒介形象和感知形象，并以此为依据阐释了旅游目的地现实形象提升的基本路径[④]。李晓莉（2007）综述了事件对举办地的旅游形象的影响，分析了事件发生前后十年间旅游地旅游形象感知的变化[⑤]。郭佳（2009）以食、住、行、游、购、娱为线索，对到哈尔滨旅游的游客进行了满意度调研，构建了游客满意度与

---

① Bing Pan，Xiang（Robert）Li. The long tail of destination image and online marketing［J］. Annals of Tourism Research，2011（38）：132—152.

② Areej Shabib Alouda，Akram Rawashdeh. Tracking Jordan Destination Image Using the Same Sample［J］. International Journal of Marketing Studies，2013（5）：59—65.

③ Fabiana Gondim Mariutti，Janaina de Moura Engracia Giraldi，Edson Crescitelli. The Image of Brazil as a Tourism Destination：An Exploratory Study of the American Market［J］. International Journal of Business Administration，2013（4）：13—22.

④ 王晞. 旅游目的地形象的提升研究——以桂林为例［D］. 上海：华东师范大学 2006.

⑤ 李晓莉. 事件对举办地的旅游形象影响与提升战略研究综述［J］. 旅游学刊，2007（8）：74—81.

当地旅游形象之间的结构方程模型①。肖海平（2011）等以湖南省郴州市为例，采用模糊综合评价模型，对旅游目的地转型升级进行了定量研究，采用层次分析法（AHP）确定了游客满意度评价指标体系②。许峰、李静（2013）等从旅游地的功能定位、类型划分、指标确立、流程设计四个角度分析了世界优秀目的地中心所构建的优秀旅游目的地评价系统，并对全球七个重要旅游目的地的全面性应用进行了实践检验③。此外，刘丽娟（2013）以旅游目的地形象为切入点，构建了包含区域形象、目的地品牌知名度、目的地品牌形象等的旅游目的地品牌资产模型④。马尚雅（2014）以甘肃为例，站在市场营销角度，通过游客满意度调查对甘肃省的旅游形象进行了剖析⑤。

（三）文献述评

从文献数量看，有关旅游目的地形象的研究激发了国内外学者的兴趣，产生了大量研究成果。从研究内容看，关于旅游地形象升级的新兴理论与模型也层出不穷。但站在旅游形象角度研究亚旅游目的地升级转型的文献相对较少。根据我国部分地区旅游业转型升级的必然趋势，亚旅游目的地发展理应得到更多学者和业界人士的关注，特别是对其性质的鉴定、转型升级途径及区域竞合模式等难题，应当成为旅游界、规划界及政府部门等利益相关者合力研究的方向。

---

① 郭佳．旅游目的地形象与游客满意度及忠诚度的关系研究［D］．哈尔滨：哈尔滨工业大学，2009.

② 肖海平，谷人旭，陈敏，等．基于游客满意度的旅游目的地转型升级策略研究——以郴州市为例［J］．世界地理研究，2009，9（3）：135－144.

③ 许峰，李静，弗朗索瓦·贝达德，等．全球视野下优秀旅游目的地评价系统的发展与检验［J］．旅游科学，2013，12（6）：1－11.

④ 刘丽娟．基于消费者的旅游目的地品牌资产——模型构建与评价［D］．天津：南开大学，2013.

⑤ 马尚雅．基于游客满意度的甘肃省旅游目的地形象营销策略研究［D］．兰州：兰州商学院，2014.

二、重庆黑山谷景区的转型升级

（一）调研对象的基本情况

重庆森林度假资源丰富。由于气候原因，每年 4 月至 10 月，重庆市内避暑旅游胜地备受游客关注。笔者在 2014 年 6 月 20 日至 7 月 15 日分两组采用问卷访谈和田野考察的方式对重庆南川金佛山景区和重庆万盛黑山谷景区（以下简称“两个景区”）进行了实地调研。上述两个景区不仅都属于休闲度假旅游地，客源市场大部分重叠，且都处于重庆“一小时经济圈”内，无论从旅游资源类型、地理区位还是旅游地性质看，两个景区都存在较为激烈的市场竞争。

此次调研旨在调查两个景区的客源市场结构以及影响游客（特别是外省游客）选择重庆休闲避暑类旅游目的地的感知因素，从而指出处于亚旅游目的地状态的旅游景区应该如何通过旅游形象升级或形象重塑突破发展瓶颈。

（二）调研方式

本次调研方式主要是对两个景区游客进行面谈访问和问卷调查，共发放问卷 300 份，两个景区各 150 份。回收 278 份，有效问卷回收情况：金佛山景区 137 份，黑山谷景区 141 份，有效问卷回收率均高于 90％。

（三）结果分析

根据亚旅游目的地评价体系的主要影响因素，笔者对上述两个景区的旅游形象、客源市场及游客流量等因素进行了对比分析。景区评价主要因子对比分析表见表 4—4。

表 4－4　景区评价主要因子对比分析表①

主要因子		金佛山景区	黑山谷景区
景区综合评价		世界自然遗产、5A 级景区	5A 级景区
旅游形象		山即是佛，佛即是山	养生黑山谷，探秘古石林
客源市场	一级	重庆主城区、南川及周边区县（62%）	重庆主城区、万盛及周边区县（82%）
	二级	西南地区（19%） 国内其他地区（16%）	西南地区（9%） 国内其他地区（9%）
	三级	海外（东南亚）（3%）	——
游客流量		约 1230 人次/日	约 920 人次/日
区域竞争力		在重庆竞争力较强，在西南地区不具有明显优势，受峨眉山、青城山等多处景区“遮蔽”	在万盛及周边区县具有一定知名度，38%的受访游客有意愿将黑山谷景区作为重庆休闲避暑首选地，其中重庆本地游客占比约 85%
商业业态类型		特产店、餐饮点、酒店、农家乐、娱乐设施、景区交通、旅游地产	酒店、少数特产店和餐饮点、景区交通、旅游地产

由表 4－4 得知，两个景区在旅游资源等级、旅游形象及客源市场等方面都具有一定相似性。一方面，上述景区均以森林资源为特色，且资源等级较高，以养生、休闲、避暑为主要功能；另一方面，其主要客源均来自重庆本地市场，两个景区之间形成了较为激烈的区域竞争格局。在商业业态方面，金佛山景区无论在业态类型还是数量及等级上，都略胜黑山谷景区。后者虽也为 5A 级景区，但能为游客提供的娱乐及餐饮等服务较少，游客参与度不高，几乎只能让游客进行穿越峡谷的观光旅游活动，这不仅造成景区经济收入主要依靠门票、区内交通体系，也弱化了商业业态在景区中的合理布局。居民对当地旅游发展程度与影响感知一览表见表 4－5。

① 此表格的客源市场、游客流量及流向数据均来自调研数据。

表 4-5　居民对当地旅游发展程度与影响感知一览表[①]

	非常赞成（%）		赞成（%）		中立（%）		反对（%）		非常反对（%）	
	金	黑	金	黑	金	黑	金	黑	金	黑
经济效益										
a. 增加了个人收入	35	23	38	40	10	17	11	15	6	5
b. 提供了就业机会	25	15	32	18	20	46	15	16	8	5
c. 吸引了外来投资	18	25	46	37	23	32	13	6	0	0
d. 延伸了产品链条	12	3	26	23	42	46	16	15	4	13
e. 丰富了商业种类	43	32	32	53	24	15	1	0	0	0
f. 优化了产业结构	30	18	41	23	26	40	1	16	2	3
环境效益										
a. 城市环境有改善	32	24	31	23	32	35	2	18	3	0
b. 社区环境有提升	12	8	23	12	28	25	26	46	11	9

① 赞成率的计算包括"非常赞成"和"赞成"，反对率的计算包括"非常反对"和"反对"；"金"指金佛山景区，"黑"指黑山谷景区。

续表4—5

	非常赞成（%）		赞成（%）		中立（%）		反对（%）		非常反对（%）	
	金	黑	金	黑	金	黑	金	黑	金	黑
c. 城市资源保护好	22	6	38	23	29	51	11	17	0	3
d. 交通设施更丰富	11	15	32	26	30	18	18	32	9	9
e. 道路运输更便捷	44	40	46	55	10	5	0	0	0	0
f. 外界联系更畅通	37	27	47	49	15	20	1	2	0	2
社会效益										
a. 居民素质有提升	11	17	47	39	21	30	18	11	3	3
b. 社会环境更安全	6	12	11	30	62	48	10	6	11	4
c. 居民关系更融洽	5	8	6	22	72	62	13	5	4	3
d. 传统文化得发扬	22	3	37	13	38	20	3	40	0	24
e. 公共设施有拓建	38	13	39	15	21	53	2	13	0	6
f. 社会文化更多元	9	14	12	27	23	39	31	17	25	3

从调研结果看，两地居民对当地旅游业发展的认同感存在一定相似性。在经济收入方面，两个景区均有超过半数居民认为发展旅游业增加了个人（或家庭）收入并有效地促进了地方就业，主要体现在本地特产销售量的增加和农家乐住宿、餐饮的消费，这也是两地居民普遍赞成和支持地方发展旅游业的重要原因。在旅游业给环境带来的积极影响方面，金佛山景区35%的居民认为发展旅游业提升了社区环境，而黑山谷景区仅20%的居民认同此项。此外，两地居民均认可旅游业改善了当地道路情况，但交通工具种类和等级并无明显改善。

两地居民对旅游业发展态度感知的差异主要体现在地方文化的发扬和继承方面。金佛山景区59%的居民认为旅游业的发展弘扬了当地少数民族文化和佛教文化，并在一定程度上带动了周边土家族、苗族等少数民族的文化与旅游融合；而黑山谷景区则只有16%的居民赞同旅游业给其传统文化带来了积极影响，64%的居民认为旅游业的发展对当地红苗文化和夜郎文化的发扬并无多大贡献。

调查发现，本地居民对旅游业发展的支持态度与其自身获益程度密切相关。两地受访居民中以“个体户”身份参与到旅游业中的比率分别是13%（金佛山景区）和4%（黑山谷景区），以“工作人员”身份参与到景区管理和运营中的比率分别为18%（金佛山景区）和12%（黑山谷景区），金佛山景区居民对旅游业带来的经济收益的认可度也明显高于黑山谷景区。可见，当地居民在旅游业发展中获益越多，他们对旅游业的发展持正面支持态度的比率就越大，反之，则越小。居民获益方式和渠道俨然成为评价旅游目的地性质的标准之一。

此外，省外游客在考虑重庆休闲避暑旅游地时会优先考虑金佛山景区的比率高达92%，而重庆本地游客（除万盛经济技术开发区）则为83%，均明显超越黑山谷景区。两个景区由于地理位置相近、游客类型和客源市场部分重合，旅游资源等级较高、

旅游形象建立较早的金佛山景区对黑山谷景区在一定区域范围内造成了形象遮蔽。

（四）黑山谷景区的转型升级分析

根据旅游地生命周期理论和旅游目的地形象遮蔽理论，相对于知名度较高、旅游形象深入人心的主流旅游目的地，亚旅游目的地在发展过程中更容易出现竞争者和替代者，客源市场注意力较易转移，从而分流景区客源。因此，对于周边同类型景区来说，树立独立新颖的旅游形象在提高竞争力方面显得尤为重要。

1. 景区发展瓶颈

由于过去重庆市万盛经济技术开发区（简称万盛区）的地方支柱产业是煤炭业，自然资源和城市环境受到较大破坏，早在2009年就被批为全国第二批资源枯竭型城市。在促进当地产业结构调整、提升城市形象方面，开发黑山谷景区（以下简称“景区”）起到了龙头作用。依托独特的森林资源和气候条件，黑山谷景区在“火炉”重庆具有得天独厚的资源优势和旅游吸引力，是重庆市的第五个国家5A级景区。景区在旅游形象上以“神秘”“养生”为亮点吸引游客，但游客可参与的旅游项目偏少。目前，景区收入来源以门票、住宿以及内部交通为主，比例分别约为32%、20%和17%，纪念品和土特产销售占8%，游船等娱乐设施租赁占12%，餐饮等基础消费占11%。景区仍处于以观光为主的初级阶段，旅游收入结构较为传统和单一，旅游项目的参与性不强，欠缺娱乐性，这直接导致景区的远程游客和外地游客少，游客重游率仅为8%。

现场调研显示，黑山谷景区的旅游资源等级虽高，但旅游产品结构单一，旅游形象与周边同类型景区重合，现阶段正处于典型的亚旅游目的地状态。如何利用现有资源优势，重塑旅游形象，升级旅游产品，对引导景区走向主流旅游目的地具有迫切性和必要性。黑山谷景区度假资源体系评价表见表4-6。

表 4－6　黑山谷景区度假资源体系评价表

资源类别	评价因子	细分因子	调研结果
生态环境资源	气候	气候适宜性	景区最高气温 23℃，年平均气温 12℃
		适合出游期	4 月至 10 月
	空气	污染指数	Ⅰ级，空气质量优
		负离子量	100000 个/立方米
	水质	水资源总量	未知
		地表水质	Ⅰ类，国家自然保护区
	生物	生物多样性	植物一千八百多种，动物三百三十余种
		森林覆盖率	97％
社会环境资源	安全环境	社会治安	安全，近 5 年内无严重治安事件发生
		卫生环境	景区自然资源保护较好，未出现破坏性建设
		自然灾害	夏季偶发暴雨造成景区内水量增长，但未出现山洪、泥石流等自然灾害
	人文环境	文化积淀	夜郎文化和红苗文化是景区主要特色文化，但开发较浅，对其传统生活方式和民族特色挖掘不够
		人文特色	
开发建设资源	已有基础	地理位置	黑山谷位于重庆“一小时经济圈”内的万盛区，是重庆和贵州的一座界山
		交通条件	拥有相近省市互通的高速交通网络，但远距离市场交通仍需改善
		区域经济	依靠大重庆经济圈
		基础设施	住宿以宾馆和农家乐为主，缺乏娱乐设施和基础服务设施

2. 景区转型可行性

(1) 度假资源丰富，可利用率高。

黑山谷景区要突破发展瓶颈必须考虑更新旅游形象和转变客源定位，促进目前单一传统的旅游项目和旅游产品升级，实现客源市场结构的优化。无论是初始期还是转型期，旅游景区的开发建设必须围绕旅游资源的特性设定旅游形象。黑山谷景区拥有等级较高的自然资源，以“黑山秀水”“密林幽路”及“奇峡峻峰”等吸引游客。作为休闲避暑胜地，其气候资源在重庆市也具有独特魅力。但就目前来看，景区对气候资源的挖掘度不高，这间接影响到景区旅游形象的合理定位和产品链打造。通过实地调研，笔者认为该景区可以通过深度利用气候资源，瞄准中高端度假市场进行形象升级和新产品开发，延长景区生命周期，提升客源群体，从而顺利度过发展瓶颈期。

(2) 气候资源独特，可开发性高。

作为森林度假旅游目的地，黑山谷景区的气候资源独特，可开发性高。笔者对当地气候资源进行了详细考察，对该景区近年来的休闲度假指数①进行了论证分析。调研得知，景区年平均气温约为12℃，相对湿度为60%～70%，风速为3～4.5m/s。国际通用的休闲度假指数评价公式为：

$$K=1.8T-0.55(1.8T-26)(1-RH)+3.2\sqrt{V}+32$$

式中，K 为休闲度假指数，T 为平均气温（℃），RH 为相对湿度，V 为风速（m/s）。

经计算得出黑山谷景区的休闲度假指数为［60，61］，属于适宜度假的气候区间（［59，70］），说明黑山谷景区具备十分优

① 休闲度假指数是对景区气候资源及其他自然资源作用于游客自身舒适度的一项重要参考指标。当休闲度假指数属于［59，70］时，人体感觉最为舒适；当指数大于70时，人体会随着指数的加大，感觉越来越炎热；反之，当指数小于59时，人体会随着指数的减小，感觉越来越寒冷。

越的休闲度假型旅游目的地气候条件。然而目前以本地游客为主是重庆山地型休闲避暑目的地普遍存在的问题。作为亚旅游目的地的黑山谷景区理应利用优化客源结构的历史机遇，最大化地发挥气候资源优势，整合景区资源，延长产业链条，丰富旅游产品，解决发展瓶颈，更多地吸引重庆周边乃至国内其他区域的游客。

（五）景区转型策略

1. 定位客源市场，细分旅游形象

景区旅游产品的单一及游乐项目的缺乏在很大程度上削减了游客的参与性和体验性，对游客吸引力不足导致游客市场扩展乏力，这对本地市场依赖度较高的黑山谷景区造成了较大影响。创新旅游形象、优化客源市场结构是该景区转型升级的第一步。黑山谷景区旅游形象升级与客源结构调整见表4—7。

表4—7　黑山谷景区旅游形象升级与客源结构调整

市场分级	目前客源市场	目前旅游形象	升级后客源市场	建议旅游形象
一级市场	重庆本地游客	西南神农架、生物基因库、山城夏宫	西部地区游客	休闲避暑黑山谷
二级市场	西南地区游客		国内其他地区游客	山水之上，西南之谷
三级市场	国内其他地区游客		国外游客	探秘西南，养生山水

调研数据表明，重庆休闲避暑山地景区均存在客源结构不合理的问题。以本地游客为主要客源的景区会由于一级市场逐渐缩小和二、三级市场难以开拓在未来面临亚旅游目的地的困境。而避免这一瓶颈期的有效途径则是在景区开发和运营初期就依据不同客源市场找准旅游形象定位。

目前，作为黑山谷景区一级市场的重庆本地游客超过了其客

源市场份额的80%，景区对外树立的旅游形象是“西南神农架”“生物基因库”“山城夏宫”等。但调查结果显示，本地游客对该景区目前的旅游形象并不十分了解，被“山水风光”和“舒适气候”吸引前往的游客高达76%，而真正对当地动植物资源感兴趣的游客仅占12%，可见，景区现阶段的旅游形象与游客真实感知存在一定偏差，且目前的旅游形象是针对所有游客设计，并未按照不同层级客源市场有针对性地定位。

因此，在黑山谷景区未来发展转型阶段，应首先考虑对开发初期旅游形象定位的优化。转型后：一级市场从重庆本地游客升级为西部地区游客，旅游形象上主推“休闲避暑”；二级市场定位为国内其他地区游客，旅游形象突出山水风光在西南地区的地位，让目标游客在选择西南地区同类型旅游地时能先入为主地联想到黑山谷景区；三级市场的旅游形象则针对国外游客设立，重点突出“神秘色彩”“民族风情”和“养生文化”等元素。

如果说旅游形象是游客对景区形成第一印象和选择旅游目的地的重要依据，那么体验度高的旅游产品链开发则是满足游客期望和实现旅游愿景的必要条件。黑山谷景区在转型升级过程中必须面临的问题是旅游形象升级后相应旅游产品体系的开发建设。

2. 完善旅游产品，丰富游客体验

提高游客参与度是黑山谷景区升级转型面临的根本问题之一。其关键在于依托自然山水，深挖景区文化，完善旅游产品链。黑山谷景区目前对夜郎文化及红苗文化的开发主要是以狂欢节、篝火晚会等节庆活动展现，具有一定的时限性。为弘扬本土文化和增强游客体验，景区可在栈道、石梯、桥墩、通道等游客观光或登山必经之处装饰与两种文化相关的文化符号，还可将民族部落中的特色图腾、故事传说、习俗风情等开发为旅游纪念品或游客可参与的旅游活动，并统一景区所有商店形象，呈现黑山谷景区独特的商业布局和文化氛围。如此一来，增强了景区娱乐性和游客体验，优化了景区收入结构；二来特有的旅游形象避免了周边同类型景区的形象遮蔽。

3. 细分目标市场，打造中高端度假体系

如前所述，黑山谷景区拥有优越的森林度假资源，但其利用度较低。未来，景区可细分各级市场，打造中高端度假产品，弥补现阶段旅游产品体系的不足。针对老年市场，景区可打造养生康体类度假产品，如乡村度假公寓、山水养生馆、森林康体疗养场等；针对青年群体，景区可开发蜜月温泉、森林喷泉、瀑布潭水游泳池、森林运动基地、水主题酒店等；针对家庭市场，可开发水上儿童山谷乐园、森林亲子迷宫、森林动植物博览馆、人造麦田怪圈等；另外，针对其他客源市场，还可开发民族生活表演、部落风俗体验、森林SPA、婚庆基地、微缩植物景观、民族手工体验馆等多元化旅游产品。

国家对旅游业发展的大力支持和我国居民出游动机及消费能力的持续增强，让国内处于“亚状态”的旅游目的地迎来了新一轮的发展机遇和升级挑战。如何把握好游客市场规律，塑造迎合客源市场心理需求的旅游形象，利用景区资源打造满足游客体验需求的多元化产品体系，已然成为亚旅游目的地升级转型的核心问题。要解决上述问题并非一朝一夕之事，需要学界、业界通力合作，共同促进亚旅游目的地转型升级。

第五章　特色旅游产品与亚旅游目的地转型升级

第一节　旅游演出产品：促进旅游地转型升级

随着国内旅游市场的蓬勃发展，以新形态出现的旅游演出产品逐渐进入人们的视野，有些甚至成为景区的拳头产品，引起市场的高度关注。有的亚旅游目的地在经历多次发展变革后始终未能找到突破口，但由于推出某项旅游演出产品而获得市场轰动，反而能够成为旅游目的地。有的主流旅游目的地在生命周期末端推出某项旅游演出产品，可再次推动其进入新的生命周期。可见，旅游演出产品对促进亚旅游目的地转型升级和主流旅游目的地进入新的生命周期均有重要价值。

一、旅游演出产品的内涵与特点

（一）旅游演出产品的内涵

旅游演出又称旅游演艺、旅游表演，是从古代帝王将相、富绅大亨在园林院囿之中享受歌舞表演演绎而来的。从经济社会发展的角度来看，旅游演出是旅游产业发展到一定程度的产物，是旅游产品向体验化、多样化、复合化发展的表现之一。

旅游演出是旅游业与演艺业结合产生的一种新型旅游产品形态，其基本特点是以艺术手法展现旅游目的地的自然文化精髓，并满足游客对当地文化的求知欲。旅游演出产品即从展示当地特色资源入手，以游客喜闻乐见的形式，对当地历史文化和自然风景做舞台化、艺术化、商品化处理，在较短的时间内由游客消费的旅游产品。

（二）旅游演出产品的特点

1. 资源依托性

旅游演出产品的设计必然依托旅游景区或旅游目的地的特色资源，是将历史、文化、民俗、自然资源等经过浓缩后的集中展示。没有特色资源作为支撑的旅游演出产品缺乏生命力和竞争力，也极易被模仿。

2. 市场敏感性

旅游演出产品从本质上讲是纯粹的人造产品①，旅游产品的设计、宣传、表演及后期工作均围绕游客的需求而设定。一旦游客需求发生转移，旅游演出产品也需做出相应调整，甚至在游客需求未发生转移时，为了更好地满足游客需求，也应及时根据市场调研情况进行产品改造或升级。

3. 视听享受性

旅游演出产品追求强烈的视听感觉，对舞台设计、灯光音响、演员表现等方面的要求较高。精致的舞台设计、华美的灯光效果等能够带给游客充分的视觉刺激，调动游客情绪，使游客获得较好的旅游体验。为了营造欢快、热闹、幽默、刺激的效果，很多旅游演出节目往往综合运用戏曲、舞蹈、魔术、杂技、武术、特技乃至时装表演等各种手法②。

4. 参与娱乐性

旅游演出产品是面向大众旅游者的，其受众面广，需要满足

① 一些大型实景演出产品虽然纳入了自然元素，但仅作为背景使用，主体仍为人及人的活动。

② 朱立新. 中国当代的旅游演艺［J］. 社科纵横，2010，25（4）：96－99.

不同层次人的需求，因此需要走雅俗共赏的路线，突出产品的参与性和娱乐性。

二、旅游演出与旅游的关系

旅游演出产品在国内旅游市场的风生水起证明了这一产品强大的生命力。对于旅游演出与旅游的关系，我们可以从以下两个层次进行讨论。

一是并行关系，即旅游演出本身已经成为一种成熟的旅游产品，具有较强的市场吸引力，游客专为观赏演出而到目的地旅游，如著名的百老汇歌剧。此类旅游演出产品的演出时间具有较强的规律性，且客源稳定，其衍生产品较多，产业链条长，综合收益高。目前国内尚缺乏此类旅游演出产品。

二是隶属关系，即旅游演出仅作为目的地旅游产品的配套，旅游演出是为基本旅游产品服务的，这一产品形态在国内较为常见，如张艺谋的印象系列，以及重庆红岩连线的红话剧、红歌剧等。此类旅游产品的衍生产品较少，产业链短，客源不稳定，收益大多来自门票收入。景区内循环进行的各类曲艺表演、街头杂耍、动物表演等也属于这一范畴。

三、旅游演出产品的开发模式

国内成熟的旅游演出产品开发模式可分为以下三类：

（一）依托景区（点）开发的旅游演出产品

这一类旅游演出产品是最为常见的，产品的形态也较多样，如《印象西湖》山水实景演出、东部华侨城《天禅》音乐剧、成都《金沙》歌剧、杭州《宋城千古情》等。

根据制作成本和表演空间，依托景区（点）开发的旅游演出产品还可细分为小成本（小场景）和大成本（大场景）两类。如民俗景区内进行的民俗歌舞表演、泼水节表演、街头小品表演等属于前者，而大型山水实景演出、大型马戏团表演等属于后者。

（二）具有城市营销与旅游营销双重作用的专题演出产品

城市营销是提高城市知名度的重要手段，较高的城市知名度和美誉度能够为城市带来良好的投资回报。而现在不少地区出现了将城市营销与旅游营销绑定在一起的现象，这一方法既提高了城市知名度，也向外界传递了城市的旅游信息，既能够吸引投资，也能够吸引游客。

专题演出产品即是城市营销与旅游营销结合的产物。该产品一方面通过旅游演出的形式向到访游客宣传城市形象，另一方面通过媒体的宣传，传播城市形象，强化游客印象，如《印象丽江》《云南映象》等。

（三）不定期邀请的商业演出产品

不定期邀请的商业演出产品对一段时间内吸引大量游客进入旅游目的地具有积极作用。特别是一些知名度高或含金量高的演出产品，能够极大地提高目的地知名度，聚集人气。这一类型的产品有中央电视台魅力中国行、知名音乐家巡演、知名乐队巡演等。

四、旅游演出产品促进旅游目的地转型升级的价值

旅游演出产品作为旅游目的地重要的消费产品，对旅游目的地的市场开发、营销宣传、形象传播、效益增收等具有积极作用。

（一）促进旅游目的地品牌提升

旅游演出产品本身就具有极强的信息传递属性。通过旅游演出产品的传播，可极大地提高当地旅游资源和旅游产品的知名度，提高旅游目的地形象认知度，且这一传播主要面向到访游客及潜在目标市场，具有较强的针对性，传播效率较高。特别是以著名导演和著名演员为切入点打造的精品旅游演出产品，由于将导游和演员的

认知度与旅游目的地绑定传播，其品牌提升作用更为显著。

（二）丰富游客体验和营销方式

旅游演出产品具有较强的视听享受性，产品质量较高，形式多样，且为游客喜闻乐见。旅游演出产品还是一种体验营销方式，它能够综合感官体验及情感体验，加深游客对旅游目的地的游览兴趣，丰富游客的旅游经历，提高游客满意度，甚至形成强烈的关联效应，达到去某地旅游必看某演出的效果。

（三）延长旅游目的地生命周期，促进产品转型升级

旅游演出产品具有较强的生命力，且能够根据市场需求变化及时做出调整。在旅游目的地进入成熟期甚至衰退期时，旅游演出产品能够通过不断更新较好地维持游客的重游率，以延长旅游目的地生命周期。在旅游目的地转型过程中，旅游演出产品还可作为引爆点吸引媒体和市场关注，为旅游目的地成功进入新的生命周期开辟道路。

（四）优化产品结构，提高经济效益

旅游演出产品一般属于辅助性产品，其自身的发展需要依托旅游目的地。国内目前大多数景区的收益来源于门票，产品结构单一，产业链条较短，游客往往走马观花，对旅游目的地的经济带动效应不足。旅游演出产品作为一种娱乐配套产品，能够延长游客在旅游目的地的停留时间，特别是一些夜间进行的旅游演出节目，能够促使游客在旅游目的地过夜，极大地提高当地旅游收益。除此之外，若开发得当，旅游演出本身就能获得可观的旅游收入，对旅游目的地的发展可提供有益的补充。

五、旅游演出产品的发展趋势

（一）实景式演出

实景式演出是指将舞台置于真实的山水园林中，将自然与人

文巧妙融合的旅游演出形式，以张艺谋的印象系列最为著名。实景式演出以其强大的演员阵容、华美的灯光设计、真实的舞台背景和宏大的演出场面吸引游客。实景式演出由于投资较大，一般采取政府引导、多方资金共同参与的投资模式，大多采用市场化运作模式、立体化营销模式。这一产品形式门票收益较高，直观经济效益明显，产业链延伸较长，是众多景区希望打造的旅游演出产品。

（二）氛围式演出

氛围式演出是指旅游演出本身是为增添景区气氛而进行的，其特点是精湛、开放、有特色。游客并未将旅游演出作为直接消费对象，因此这一产品形式直接经济效益不明显。但在游客游览过程中，作为额外收获的免费旅游演出产品能够为游客带来超出期望的旅游收益，能够提升游客满意度。同时，独具特色的旅游演出产品放到景区中能够优化景区游览氛围，其存在的价值已经越来越被景区经营者重视。这一产品在主题公园中运用得较为突出。

（三）舞台式演出

舞台式演出分为驻场演出和巡回演出。此类演出产品多为舞台式表演，因此场景的设计没有实景式演出宏大，但制作一般较为精良。舞台式演出中的歌舞类表演、历史类表演、民俗类表演、动物类表演最受观众喜爱，也是未来景区演出类产品开发的重要趋势。

（四）销售式演出

此类演出大多是为了销售旅游目的地特色产品而进行的表演，因此表演本身是免费的。但在表演过程中，表演者会向游客灌输产品信息，并以最终促成游客消费为目的。这一类表演包括茶艺表演、手工艺品制作表演、博彩表演等。

旅游演出的蓬勃发展是我国旅游业从观光型向休闲型转变的重要标志。旅游演出产品的开发模式和市场运作在我国也日趋成熟。我国拥有丰富的历史文化积淀和多彩的地方民族风情，旅游演出产品的开发得天独厚。相信在未来的一段时间内，旅游演出会为我们带来更多精彩的节目，为亚旅游目的地的转型升级提供更多的市场机遇。

第二节　特色火车旅游产品：回忆与体验

一、绿皮车旅游产品概述

（一）绿皮火车的华丽转身

绿皮车即车身被刷为草原绿色的客运列车，是我国无集中供电空调装备旅客列车的标准外形。绿皮车曾在我国铁路运输中长期占据主体地位，是人们记忆中温暖的存在。随着铁路技术的发展，绿皮车逐渐退出人们出行的选择范围。现在绿皮车是低速、慢行、历史的代名词。为了充分利用铁路遗留资源，有些国家和地区把退出专职运输领域的绿皮车重新包装并打造为特色旅游产品，推向市场后广受欢迎，带火了原本处于“亚状态”的旅游目的地。

绿皮车旅游产品特色鲜明，符合人们怀旧的心理，具有一定的市场潜力。在欧美国家，很多地区的火车已经从以运输为主转变为以观光为主。我国由于人口众多，幅员辽阔，交通运输压力大，火车仍然是人们出行的主要交通工具，火车的速度和数量成为衡量铁路建设的主要标准。当部分旅游区内荒废的铁轨被改造成特色旅游产品时，人们的目光再次被吸引到曾经的主角——绿皮车上。人们希望有机会乘坐绿皮火车出行，追忆往昔时光，体验原始风味，这一现象为某些亚旅游目的地提供了新的市场机会。

（二）绿皮车旅游产品的特点

绿皮车旅游产品与一般的观光型旅游产品有明显区别。首先，绿皮车本身是一种交通工具，不具有独特性和垄断性，很少有人因为希望乘坐绿皮车而专门前去某地旅游。因此，绿皮车旅游产品必须与当地其他类型旅游产品相结合，才能发挥其旅游吸引物的功能。从这一点上讲，绿皮车旅游产品是一种区域辅助旅游产品。其次，绿皮车的运行需要交通、安监、消防等多部门联合审批和监管，且产品运营范围广，涉及跨区域等问题，因此资质申报、运营管理、安全监察等问题更为复杂。最后，绿皮车沿线的风貌整治、车厢改造、沿线产品设计等均会影响游客的旅游经历和心理感受，因此产品整合设计难度较大。

（三）绿皮车旅游产品的设计要点

绿皮车旅游产品最重要的一点就是注重体验性，这也是游客选择绿皮车出游的根本原因。从绿皮车产品本身来看，满足市场需求的产品设计应遵循以下几个原则：一是开放性，绿皮车旅游不同于一般铁路运输，游客需要与外界充分接触，因此在车辆设计、站点选择、行车速度等方面应充分考虑观光要求，如尽量设计开放式车窗、在风景秀丽地区设置短时停靠点等。二是舒适性，体现在座椅设计、生活设施等车辆硬件方面。三是短程性，专门用作旅游的绿皮车行程最好控制在 3 小时之内，6 小时为上限，否则游客将感觉疲惫，影响旅游体验质量。

从绿皮车旅游产品布局上看，东北地区是一个不错的选择。首先，东北地区旅游资源组合良好，山环水绕，北国风光、林海雪原、熔岩景观、海滨度假、文化古迹、民族风情，各具特色，部分资源具有垄断性，民族气息浓郁。若用绿皮车将部分景点串

联，可形成体验性极佳的旅游线路。其次，东北地区气候条件独特，冬赏冰雪夏避暑，可避免南方地区潮湿闷热的天气对火车开放性的影响；同时东北地区视野开阔，气候分明，可在不同季节打造具有视觉冲击力的大地景观，为绿皮车旅游产品打造景观基础。再次，东北地区铁路建设历史悠久，形态丰富。从晚清时期建设的京哈铁路，到伪满洲国时期开通的亚细亚号特快列车，再到新中国东北重工业基地铁路网建设，从窄轨列车到标准轨距列车，东北地区可称为我国的铁路博物馆。在这样的大环境下，打造绿皮车旅游产品，符合历史和现实基础。最后，紧密的区域合作为绿皮车旅游产品串联重要旅游区扫除了行政障碍。目前成立的东北地区旅游业发展联盟是建设大东北无障碍旅游圈的组织。东北地区旅游合作一体化进入快车道，这为东三省跨区域开通绿皮车旅游提供了极大便利。

二、特色小火车旅游产品的规划实践

小火车产品在儿童和家庭游乐市场具有较大的吸引力，有条件的亚旅游目的地不妨通过打造小火车观光休闲产品，从旅游目的地的形象遮蔽中实现突围。本部分就笔者参与的《重庆市永川区英山片区旅游开发规划》中采用小火车特色产品实现区域旅游转型升级的案例加以分析。

（一）规划背景

英山片区位于重庆市永川区西部，地处川渝交界地，区位优势明显。三环高速穿越英山片区，形成便捷的内外部交通环境。英山山脉蜿蜒，植被覆盖率高，文化资源丰富。英山片区的子庄村是被誉为“东方凡·高”的国画大师陈子庄的故里。尚在运营的行程全长 20 公里的窄轨火车是英山片区不可多得的宝贵资源。由于前期英山片区以煤矿工业为主，旅游开发严重滞后于永川区其他山岳型景区，游客以区域内短途休闲者为主，整体处于亚旅游目的地状态。当前英山片区煤矿资源匮乏，区域面临转型升级的压力。笔者有幸参与了英山片区旅游发展规划，之后将介绍规划中小火车特色产品的开发方式。

（二）英山小火车概况

英山运煤窄轨火车始建于 20 世纪 50 年代，全程总长约 20 公里，起点位于双石镇大涧口村，终点位于永荣镇子庄村，跨越双石、红炉、永荣三镇，其中红炉镇内轨道最长，约 14 公里。1980 年英山小火车曾用于客运，1993 年后全部转为货运，之后一直用于煤炭资源运输。现小火车轨道保存良好，是渝西唯一、重庆最长、国内罕见的可商业化运营的窄轨火车线路。

（三）项目规划

打造特色项目融合交通方式：以现有小火车轨道作为一期工程，串联永荣、红炉、双石三镇重点旅游项目。小火车既是交通工具，也是旅游体验项目。

车站构成景观焦点：规划在重点旅游项目和途经场镇设置火车站，火车站的风格各异，设计小巧而精致，每个车站均成为特色景观。沿线设立改革站（双石大涧口）、民国站（164 所）、铁艺站（红炉场镇）、原矿站（永川煤矿）、子庄站（子庄村）五个特色车站。

近期实施项目："英山彩林"规划自永荣镇子庄故里至红炉镇会龙桥村，沿途整治森林植被，设立子庄站、原矿站两大站点，作为一期开发项目。

远期拓展形成环线：中远期可根据需要，将小火车拓展至青峰镇、来苏镇及宝峰镇，形成总计 8 个车站、50 公里长的小火车特色观光环线，建成永川特色的交通工具和旅游项目。英山小火车线路规划图如图 5—1 所示。

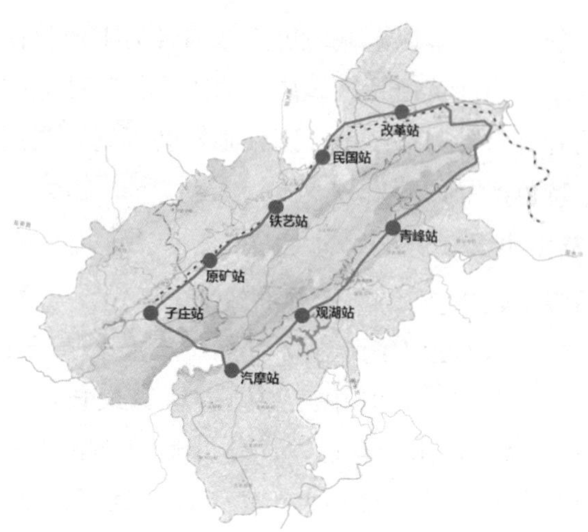

图 5-1　英山小火车线路规划图

（四）景观规划

规划要求优化小火车沿线风貌及环境，整治民居建筑外立面，关闭仍在生产的重污染厂矿，重新规划设计铁轨两侧植被。近期集中形成以繁花似锦（三角梅）、梦幻家园（蓝花楹）、枫叶林海（美国红枫）、杜鹃王国（杜鹃）、十里棠香（海棠）为主体，辅以颜色多样的灌木植物的五段风景道。

中远期构建金色海洋（万亩稻田）、碧水蓝天（万亩油菜花田）、绿野仙踪（万亩荷花田）三大时段性开阔景观及桃李梨杏观光走廊，做到四季有花、全年有景。英山小火车景观规划图如图 5-2 所示。

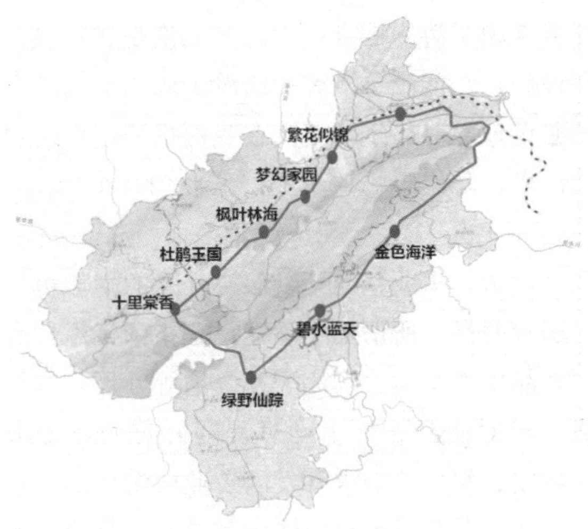

图 5-2　英山小火车景观规划图

（五）规划评析

英山小火车项目在英山片区转型升级中具有重要作用。一方面，它是串联英山六镇的特色交通工具，全部建成后将成为国内最长的窄轨火车旅游线路；另一方面，小火车本身即是旅游产品，可通过车票、车身广告、旅游衍生品开发等获取收益，还可以为沿途居民提供生活便利。相信小火车产品建成后，能够充分发挥英山片区旅游资源优势，推动英山片区从亚旅游目的地向旅游目的地转型。

第三节　工业旅游：产业融合促进亚旅游目的地转型升级

一、工业旅游：锦上添花与雪中送炭

工业旅游是指依托工业基地吸引游客到访开展旅游活动的旅游形式。工业旅游在发达国家由来已久，德国宝马总部工厂在设

计之初就充分考虑了游客需求，因此，无论是建筑设计、氛围营造还是配套设施，均能满足游客的旅游需求，宝马工厂甚至成为赴德旅游的必游地之一。宝马集团在我国投资建厂时也充分考虑了工业旅游需求，华晨宝马铁西工厂已成功获批为国家4A级旅游景区。

政府和企业依托工业基地开发旅游产品的初衷可概括为锦上添花和雪中送炭两类。所谓锦上添花，是指依托运营良好的企业设计中心、产品生产基地、物流配送基地等开展，基于知名品牌的吸引力或游客对商品设计生产过程的好奇心，为满足游客科普、猎奇、休闲、娱乐等需求开发的工业旅游产品。此类工业旅游产品的开发初衷并非单纯获取经济利益，而是更看重工业旅游开发对企业品牌的宣传作用，因此属于锦上添花。在我国，海尔集团、吉利汽车、周君记火锅城、海澜集团等众多知名企业均开发了工业旅游产品。刘伶醉酒厂、蒙牛乳业总部基地、君乐宝工业园等一批工业旅游园区获批为国家4A级旅游景区，五粮液集团甚至提出将总部基地打造为国家5A级旅游景区，均体现出工业旅游的强大影响力。

所谓雪中送炭，是指依托已经废弃的工业基地开展的，为满足游客科普、猎奇、教育等需求开发的休闲旅游产品。此类工业旅游项目一般设立于因资源枯竭或产业转型而日渐萧条的区域，最著名的是德国鲁尔工业区。鲁尔工业区是德国乃至世界上最重要的工业区，19世纪中叶即以重型工业称雄世界，后来由于经济结构转型逐渐衰落。鲁尔工业区在转型中将工业旅游作为重要方向之一，将旧厂房改造为露天音乐广场，使巨大的水泥烟囱成为标志性景观，全区形成埃姆舍尔公园、科学公园、杜伊斯堡公园等八个旅游景点，工业遗址转变为游客休闲、科普的工业旅游基地，不但创造了众多就业机会，提高了地区经济发展水平，而且对生态环境和基础设施的改造影响极大。

二、工业旅游产品开发的实践

（一）重庆工业旅游转型升级研究

重庆是我国著名的老工业基地，是西部重工业中心城市。深厚的工业文化积淀、良好的产业集群规模和众多知名工业企业，为重庆开发工业旅游奠定了基础。然而事实上，无论是从品牌认知还是旅游效益看，重庆工业旅游的资源优势并未转化为产业优势，工业旅游发展尚存在“品牌不响、认识不清、开发不力”三大问题。

工业旅游相比其他旅游形式，更注重旅游目的地的品牌感召力。国内外知名的工业旅游产品，如上海宝钢、青岛啤酒、美国可口可乐等，均依托知名企业开发设计。重庆工业旅游品牌不响亮，关键在于工业企业开发旅游品牌的意识不强。重庆工业旅游资源虽丰富，但工业旅游开发不宜遍地开花，而应重点选择 2 或 3 家知名企业，通过科学规划和适度营销，将企业品牌与工业旅游品牌捆绑，打造精品工业旅游产品，走品牌化发展道路，抢占西部工业旅游品牌高地，最终通过标杆效应提高企业工业旅游开发意识，带动中小工业旅游区的开发和发展。

重庆工业旅游发展动力不足，根源在于企业管理者未能认识到工业旅游的意义，或认为旅游作为副业不足以成事，或担忧泄漏企业机密。实际上，工业旅游除门票收入外，餐饮、购物、娱乐等延伸功能也能为企业带来巨大收益，创收能力并不低。与此同时，工业旅游在培育顾客群体、展示企业形象、提升品牌价值等方面也具有重要作用。对于企业机密保护问题，完全可以通过科学的功能分区和安全管理解决，大可不必担忧。

产品缺乏创意也是限制重庆工业旅游发展的重要因素。从最早的长安汽车工业园到近期的建桥工业园，重庆工业旅游仍徘徊

在观光旅游层级，产品缺乏互动性、体验性和娱乐性。工业旅游的灵魂在于体验，因此工业旅游开发必须充分调动游客的参与性，使游客在工业游中能够“吃得到、玩得开、住得下”，丰富工业旅游目的地的产业形态，完善其旅游功能。如重庆汽车（摩托车）工业园区可在现有基础上，重点开发汽车历史博物馆、未来汽车试驾、汽车旅馆、汽车餐厅等新产品形态，提高游客体验质量，使游客流连忘返。

（二）工业遗址旅游的规划实践

在众多工业遗址类型中，矿山类遗址改造为旅游目的地的成功案例较多，国内有上海矿坑公园、上海深坑酒店等，国外有英国伊甸园（陶土矿）、加拿大布查德花园（石灰矿）、罗马尼亚盐矿公园等。煤矿工业遗址也是较适宜开发工业旅游的类型，山西晋华宫国家矿山公园在 2005 年被批准为国家首批矿山公园，打造了煤炭科普、遗址观光、井下探秘等多种旅游产品，获得良好的社会、环境和经济效益。

永川区英山片区原本是以煤炭生产为主导的地区，自 2016 年煤炭企业被陆续关停后，英山片区面临转型升级需求。如何利用煤矿遗址成为重要的研究课题。笔者参与的《重庆市永川区英山片区旅游开发规划》中专门就此进行了产品设计，希望通过开发煤矿科普研学和休闲娱乐产品，促进英山片区旅游经济发展。

英山片区的工业遗址主要为矿山类，包括石灰矿遗址和煤矿遗址，大型矿址有同心号煤矿、大槽沟煤矿、泸永桥煤矿、新店石灰矿坑群等。根据矿山资源类型、区位条件及与周边景区的联系，规划将矿山打造成不同类型的主题旅游产品，游客可在矿山开展度假、科普、探险、娱乐等多种活动，串联起英山矿山旅游特色线路，项目建成后可在重庆乃至全国范围形成竞争力。

1. 永川煤矿：英山工矿旅游小镇

项目区位：英山片区红炉镇。

资源特色：红炉镇内煤矿众多，多年的生产形成了纵横交错的煤井巷道。随着大量煤矿的关停，留下众多采煤工业文化遗产。

规划背景：2017 年 6 月，《中国煤炭学会关于开展煤炭行业科普教育基地认定工作的通知》要求开展煤炭行业科普教育基地认定工作，中国煤炭科普教育基地开始进入研学旅游行列。重庆尚无煤炭科普研学基地，永川可抓住这一机遇，开设重庆第一个煤炭科普教育基地。英山片区已经编制有矿山生态环境治理方案，本规划结合治理方案的要求设置工矿旅游小镇，既满足生态治理要求，又能够带动英山片区第三产业发展。

规划思路：选取永川煤矿安全性较高的矿井，打造煤矿开采体验馆，游客可穿着专业的采煤装备，乘坐升降机、采煤车到达矿井深处，感受开采煤矿的真实环境；将现有的煤矿管理用房改造为煤炭科技展示馆，展示人类认识煤、开采煤和利用煤的历史、实物，打造重庆煤炭科普中心；利用横向矿井，引入魔幻矿井项目，游客乘坐原有的运煤车深入煤矿，体验以激光和行进式演出为特色的精彩剧目；做好项目的景观设计，如以世界上最大的运煤车、巨大的采煤机械等作为特色景观。

2. 拉法基石灰岩矿：天坑漫步公园

项目区位：英山片区红炉镇。

规划背景：拉法基瑞安参天水泥公司挖掘形成长宽百米、深五十余米的大型矿坑，随着生产的推进，矿坑规模将持续扩大，形成国内独一无二的巨型矿坑。

规划思路：远期矿坑停用后，在巨大矿坑部搭建大型极限观光设施，打造天坑漫步公园。该设施主体为钢架结构，人行线路由钢梁、绳网和木板吊桥组成。游客可感受惊险，也可在这里了解和提升自己的攀爬与平衡技能。设施由观景平台、吊桥等组成，中间可设置天坑蹦极项目。矿坑现状图如图 5−3 所示。

图 5－3　矿坑现状图

第四节　会展促进亚旅游目的地产业转型升级

随着 2008 年北京奥运会、2010 年上海世博会、2010 年广州亚运会等重大节事在我国陆续举办，节事会展对国民经济特别是旅游经济的促进作用日益明显，节事会展的发展受到政府相关部门的广泛关注。2018 年世界杯足球赛带火了俄罗斯，据统计，总计有超过 150 万球迷前往俄罗斯观赛旅游，在 4 月到 9 月间为俄罗斯 GDP 带来 0.2％的增速，交通、酒店、餐饮和纪念品销售获益最多，俄罗斯也从非热点旅游国家一跃成为 2018 年的热门旅游地。

节事会展旅游是指以节事、会议、展览等公共活动为核心吸引物开发的旅游产品，按照性质可分为节事旅游与会展旅游两大类。节事旅游的概念相对清晰，即以节庆和事件为主体开展的旅游活动。西班牙奔牛节、西双版纳泼水节、彝族火把节等特色节庆以及世界杯、欧洲杯、奥运会等竞赛事件均属于节事旅游范畴。会展是会议和展览的统称，其基本特征表现为经济性与营利性，因此与节事旅游具有一定差异。学术界对会展旅游存在不同看法，本节对会展旅游进行再认识，以期对亚旅游目的地转型升级有所启发。

一、会展旅游的产生及发展

公元5世纪，波斯举办了世界上第一个超越集市功能的展览会，这一事件标志着会展业作为一个独特的产业登上了历史舞台。相比之下，最早的会展旅游活动则以1851年举办的世界博览会为标志，当万国人士蜂拥而至英国海德花园去参观工业革命所展示的新奇事物时，一个会展旅游逐渐蓬勃发展的时代也从此拉开序幕。

据国际大会及会议协会（ICCA）统计，每年全世界举行的参加国超过4个、参会外宾超过50人的国际会议达到40万次以上，会议总开销超过2800亿美元[①]。数量庞大的各类国内会议、展览所产生的经济效益对相关产业的带动效应日益明显，各大城市在凝练城市形象、打造城市支柱产业时也纷纷将会展业作为重要内容。从全国范围看，我国已经形成了以北京、上海、广州、大连、成都、南京等重点城市为中心的会展旅游网络。

二、会展旅游的概念界定

（一）会展旅游的定义

国际上通用的会展旅游定义是MICE定义，即集会（meetings）、奖励旅游（incentives）、会议（conventions）和展览（exhibitions）。这一定义基本上涵盖了会展旅游所涉及的各种产业形态，但定义内容过于宽泛，并不能准确地表达出会展旅游的特点。

① 祁岳．会展旅游——诱人商机谁在分享［N］．中国旅游报，2001－02－26．

国内学者也对会展旅游的概念做过总结。林翔、李菊霞（2001）认为在广义角度上，各种性质、规模的会议和展览及各种节庆活动都可以纳入会展旅游的范畴①。许峰（2002）认为“会展旅游活动核心是主动创造旅游主体”②，会展所引发的旅游活动属于副产品。陈新忠等（2007）认为会展旅游是以会（议）展（览）为主要吸引物，吸引与会者在会前、会中、会后游览会展举办地的一种旅游产品③。文秋红（2009）认为会展旅游就是指通过会议、展览吸引来的参展商、观展人员等相关与会人员参与的，由会展企业同相关旅游企业相互合作而达成的一种旅游活动形式④。总体上看，国内学者对会展旅游概念的理解更多的是延续了国际通用的定义，也有部分学者提出了更趋细化的会展旅游定义。

笔者认为，会展旅游所涵盖的范围并不能无限扩展，无论是广义的定义还是狭义的定义，都应紧密围绕“会议”和“展览”两个概念进行阐述。因此，本书将会展旅游定义为：以会议和展览为主要缘由而引发的旅游活动，这一旅游活动的主体为参会（展）者，且旅游活动并不局限于会展举办地。会展旅游以参会或参展为载体，其根本目的并非旅游，而是参加会议或展览，旅游只是主观和客观上由参会（展）引发的伴生行为。

（二）会展旅游的内涵

1. 会展旅游是会展向旅游业延伸的特殊形态

会展旅游是基于会展活动而开展的一种特殊旅游活动，主要包括会议旅游与展览旅游两种具体形式。会展旅游可分为两个环节，即参会（参展）环节与旅游环节。会展旅游作为一种新型旅

---

① 林翔，李菊霞．我国发展会展旅游业的前景及策略初探［J］．人文地理，2001，16（3）：49－52．

② 许峰．会展旅游的概念内涵与市场开发［J］．旅游学刊，2002，17（4）：56－59．

③ 陈新忠，冯顺琪，闫妍．会展旅游概念之辨析［J］．商场现代化，2007（49）：359－360．

④ 文秋红．我国会展旅游的发展分析［J］．江苏商论，2009（12）：87－89．

游形态，两个环节缺一不可。会展旅游归根结底属于一种旅游活动，因此其必须具备旅游定义中的基本要素，即并非出于谋生或经济利益而前往某地旅行。若参会（展）者的活动内容仅限于参会和参展，而不在目的地进行参观游览活动，则这一人员流动只能算作旅行，而非旅游。

2. 会展旅游的目的地并不局限于会展举办地

会展旅游是由会议或展览活动而引发的旅游活动，参会者因会议（展）而行，前往举办地参会（展），并由此而在举办地及周边地区产生参观游览行为。但会展旅游的目的地并不局限于会展举办地，而是可以向周边地区扩散，这在众多会议和展览的实际举办过程中已经为实践所证实。

3. 会议与展览在旅游产品属性上有根本区别

会议具有集会性质，是出于商务、政务、学术等方面的交流协商而引发的目的明确的专业活动，会议对特定受众具有吸引力，但这种吸引力并非旅游吸引力，而是出于职业需要甚至受经济利益驱动，因此会议并不具有旅游产品属性。而展览作为新特产品展示、博览的一种独特形式，具有向特定（或全体）受众进行宣传营销的意义，受众前往展览会在客观上已经属于旅游活动，参展活动与旅游活动具有融合性，因此在一般情况下展览本身即具有旅游产品属性。

（三）会展旅游相近概念辨析

1. 会展与会展旅游

有学者将会展与会展旅游的概念混淆了，认为会展（议）就是会展旅游。也有学者在研究过程中，将会展业带给城市的巨大经济效益归结于会展旅游。实际上，各种专业会议、展览会、博览会等均属于会展范畴，但会展旅游仅仅是由会展活动所引发的旅游行为，即会展业向旅游业的延伸部分。会展的概念范畴远远

大于会展旅游。

2. 会展旅游与奖励旅游

奖励旅游属于用人单位给予表现优异的劳动者的奖励，这种奖励以旅游的形式体现，具有物质奖励和精神奖励的双重作用。由此可见，奖励旅游与会展旅游是两个平行概念，奖励旅游是一种独立的旅游形态，而不应被纳入会展旅游的范畴。

3. 会展旅游、会议旅游与商务旅游

如前文所述，会展旅游包括会议旅游和展览旅游两个基本组成部分。会议旅游是以会议为旅行缘由，在会前、会中或会后开展的旅游活动。会议旅游包含于会展旅游，是会展旅游的一种具体形态。同时，会展旅游也不同于商务旅游，会展旅游一般具有明确的会展主题和地点，而商务旅游在活动的范围和内容上更丰富和自由。

4. 会展旅游与节事旅游

有学者将节事旅游纳入会展旅游的范畴，认为节事旅游、节庆旅游属于会展旅游的基本形态。节事旅游是指以节事活动为旅游吸引物吸引游客前往某一目的地进行参观游览活动的旅游形式。节事旅游的目的即是旅游，这与会展旅游的概念存在显著差别。因此，节事旅游与奖励旅游一样，属于一种独立的旅游形态，而非隶属于会展旅游。

三、会展旅游的分类及特点

（一）会展旅游的分类

会展种类各式各样，会展内容丰富多彩，这就为我们理解会展旅游的意义增加了思维难度。因此，我们有必要以会展旅游为出发点，对会展产品重新分类。许峰（2002）将会展业划分为会议与展览，并进一步将展览划分为专业展览和公众展览，这一分类有助于我们理清会展业的基本框架，但并不能明确表达出会展与会展旅游的关系。基于此，笔者将会展产品划分为会议、展览会、博览会三类，并由此将会展旅游划分为会议旅游、展览会旅游和博览会旅游三种。

如前文所述，会议并不具备旅游产品属性，因此参会者需在目的地进行参观游览活动才可将此次旅行纳入会议旅游范畴。与此相反，博览会对普通大众具有旅游吸引力，本身具有旅游产品属性，因此观众前往博览会参观游览属于旅游行为，如上海世界博览会吸引大批游客前往观光。介于会议旅游与博览会旅游之间的旅游形态为展览会旅游，当展览会在展出内容及形式上偏重于大众休闲时，展览会具有旅游产品属性，反之，则更偏向会议产品，参会者需产生参观游览行为才可划入会展旅游范畴。

（二）会展旅游的特点

1. 伴生性

参会（展）者前往目的地希望进行的活动为参会或参展，这一活动一般伴随着休闲、观光、度假行为，因此产生了会展旅游这一旅游形态。因此，从根本意义上看，会展旅游具有伴生性，是由参会（展）而衍生的一种旅游行为。游客的主要目的是参会，在参会之余顺便参观会展举办地的旅游景区（点）。

2. 关联性

会展旅游是会展业向旅游业的延伸产品，会展旅游兼有会展产品和旅游产品的属性，其与交通、餐饮、住宿、购物、观光游览等产业部门联系紧密，形成了会展旅游产品极强的行业联动性。会展组织者除满足一般参会者的公务需要，也要满足参会者的旅游需要，如与旅行社联系推出周边的旅游线路，为游客推荐本地特色餐饮、景点等。

3. 短暂性

参会（展）引发的客观上的休闲、观光活动具有短暂性。由

主办方安排或自由安排的参观游览活动，游客参与旅游的时间也较短，参加旅游活动的目标明确，行程安排紧凑。因此，会展旅游的首选地仍为当地的主流旅游目的地亚旅游目的地若想获得会展旅游游客的选择，必须在营销、会展接待、线路组织等方面下足功夫。

4. 不稳定性

基于会议和展览而引发的旅游活动本身具有不稳定性，游客会因种种原因压缩甚至取消旅游项目，在完成参会和参展活动后即离开参展地。此类情况在单位组织安排的团队会展旅游中更为普遍。

四、会展旅游促进亚旅游目的地转型升级策略

会展旅游能够提升举办地的知名度与美誉度，对当地经济发展和基础设施建设均有较强的影响力。通过科学运作，亚旅游目的地可通过某一知名会议或展览而实现“亚状态”的转变。海南省博鳌村因举办博鳌亚洲论坛，从名不见经传的小渔村转型为国际旅游目的地，彰显了知名会展对亚旅游目的地的提升作用。亚旅游目的地通过举办会展活动促进旅游业转型升级需注意以下几点：

（一）依托资源，开发特色会展旅游产品

会展活动的影响力取决于其规模、档次、内容、营销等多个方面，其中本地资源是开发会展活动的前提。博鳌之所以能够成为亚洲论坛举办地，主要是由于其独特的地理区位条件和适宜的气候环境条件。瑞士日内瓦依托众多国际组织总部优势，成为国际会展旅游最发达的城市。广州依托进出口优势开展的全国糖酒会、底特律依托汽车工业开展的国际汽车展、东京依托动漫产业开展的国际 COSPLAY 展等，无一不是在当地优势产业或资源

基础上形成的国际知名会展品牌。因此，充分挖掘本地特色资源，并在此基础上整合打造具有地方特色的会展产品，不但能够在众多会展旅游产品中脱颖而出，而且具有其他地区无法复制的核心竞争力。

（二）会展为体，旅游为用，综合开发

对于会展旅游产品，会展是基础，旅游是补充，综合开发是目标。会展旅游产品开发应充分重视会展本身的组织水平，做好展览内容、服务设施、营销宣传等工作。只有高水平的会议和展览服务，才能够提高游客满意度。同时，应利用会展活动开展综合性立体开发，从会展衍生品、旅游地城市宣传、旅游系列服务等方面进行综合开发，特别是利用会展聚集的人气带动冷门景区（点）的运营，以此促进亚旅游目的地的整体发展。

（三）精选会展主题，避免与目的地形象背离

会展活动促进亚旅游目的地转型的前提是会展主题与目的地形象一致，能够提升而不是损害目的地形象。在传统民族型亚旅游目的地开展现代工业文化展明显不合时宜，尽管其能够为目的地带来较大客流。相对于主流旅游目的地将会展旅游作为配套项目，亚旅游目的地希望以会展带动旅游开发，更需要旅游功能而非单纯会议展览功能。因此，会展组织者对主题的遴选显得至关重要。

第六章　不同类型亚旅游目的地转型升级研究

第一节　乡村亚旅游目的地的转型升级

一、城乡统筹背景下乡村亚旅游目的地转型升级

城乡统筹发展政策的提出，为我国城乡之间均衡发展提供了良好的政策环境。缩小城乡差距，协调城乡经济发展成为城乡统筹所要解决的关键性问题。但是，社会经济地位的不平等、城乡居民的收入差距与基础设施的不完善，使得乡村居民的休闲无法跟上城市休闲的前进步伐。位于城市近郊的乡村旅游地容易被城市旅游地遮蔽，位于知名景区周边的乡村旅游地则容易被景区遮蔽，以上情况均可能产生乡村亚旅游目的地。因此，在乡村旅游的规划开发过程中，重视乡村休闲，完善乡村休闲产业链条，是缩小城乡差距、提升乡村旅游、探索乡村旅游地转型升级模式的一条重要途径。

（一）城郊乡村亚旅游目的地的转型升级

1. 城郊乡村亚旅游目的地概述

从地理学角度看，城市近郊乡村旅游地是城市人工生态系统和乡村自然生态系统的交界地。从旅游目的地类型看，城郊

乡村旅游地介于城市旅游地与乡村旅游地之间，是二者在一定程度上的交集区域或过渡区域。城郊乡村旅游的边缘区现状决定了其很容易受到边缘效应的影响，成为城市旅游中的亚旅游目的地。

井晓鹏（2011）认为，边缘效应是指“在异质地域”（地质、地貌、水文等自然属性与用地性质、权属、活动方式等社会属性的区别）间的公共交接地带，由于社会、经济、生态等各类因子的互补性集聚，或地域属性的非线性相互协同作用，产生超越各个地域单元功能叠加之和的增值效应，赋予并实现边缘区、相邻腹地乃至整个区域综合效益的现象①。此定义主要是从旅游规划层面、正边缘效应角度出发，强调边缘效应对旅游地的资源整合与效应叠加所产生的积极作用。虽然我国乡村旅游已进入快速发展期，但无论是发展规模、市场知名度还是品牌形象，乡村旅游地都很难与自然资源等级较高、人文资源独特的风景名胜区相提并论。乡村旅游在得到国家政策大力支持的前提下，由于发展历程较短及地理位置较偏僻等，客源市场具有一定局限性②。所以，乡村旅游往往受到城市中心或城市周边大型知名旅游目的地（景区）的形象遮蔽，其客源市场也容易被不同程度地分流。与其他具有代表性和典型性的知名景区（点）相比，乡村旅游景区（点）也较难整合到标志性的城市旅游线路中。

城郊乡村旅游地是乡村旅游地的重要组成部分。城市近郊旅游已经成为当今旅游业发展的主潮流之一，城郊乡村旅游地因良好的环境质量、优美的乡村景观和便利的区位交通，越来越受到市民的青睐。在城乡统筹新环境下，新开发的城郊乡村旅游地如

① 井晓鹏．边缘效应与乡村旅游规划优化设计探讨——以临潼区乡村旅游规划实践为例［J］．安徽农业科学，2011，39（1）：334－338.

② 据统计，以成都为代表的乡村旅游较发达地区的主要客源来自本市，主要是以周末休闲为目的的本地游客，外地或外国游客偏少。

何准确定位，处于亚旅游目的地状态的城郊乡村旅游地如何成功转型升级，是旅游开发、规划与行政管理各部门都应仔细考虑的问题。

2. 城郊乡村旅游地的概念与特点

城郊乡村旅游地是指位于大中城市近郊，以乡村景观为特色，以乡村建筑为载体，以休闲度假、观光体验、会议娱乐、餐饮购物等为主要功能的旅游地。城郊乡村旅游地是大中城市环城游憩带的重要组成部分，有较明显地区别于城市景观的乡村符号，有宜人的气候和良好的生态环境，能够为市民提供短时间的休闲度假。城郊乡村旅游地一般景色秀丽，环境优美，由于靠近大中城市，基础设施建设较为完善，道路交通网络完备，具备发展旅游的优良条件。城郊乡村旅游地具有以下三大特征。

（1）便捷性。

城郊乡村旅游地位于城市边缘，处于城市经济辐射范围内，区位条件良好，基础设施建设较为完善，道路交通方便快捷，这为乡村旅游地的快速持续发展提供了得天独厚的区位条件。

（2）特色性。

城郊乡村旅游地一般都依托乡村原有的景观意象和传统产业，开展乡村观光、休闲度假等旅游活动。由于各个村落在历史传统、风俗习惯、资源优势等方面各有差异，因此展现给游客的乡村景观与文化内涵也不尽相同。

（3）规模化。

城郊乡村旅游地的一大特点就是组团整体印象的统一性与内部风格的差异性。这种组团化发展模式一方面能够利用规模化优势，加深游客对本区域的总体印象，另一方面可避免内部重复建设形成恶性竞争。例如，成都市双流东山生态农业观光带、成都市“五朵金花”农家乐旅游区等，较为明显地体现了这一特征。

3. 新机遇：城乡统筹下的城郊乡村旅游地

(1) 社区环境改善。

统筹城乡社会发展是城乡统筹政策的重要关注点之一。城市近郊的社会发展相对滞后于城市，社区环境和居民生活受城市的负面影响较大。在城乡统筹发展新理念的指导下，部分产业向郊区转移，城市功能不断分化，城郊乡村的社区环境将会受到重视和保护。当地政府对改善社区环境的投入为城郊乡村旅游地的可持续发展奠定了环境基础。

(2) 政策资金倾斜。

乡村旅游对改善农村地区落后面貌、提高农民生活水平的作用毋庸置疑。城乡统筹要求统筹城乡经济发展，改变现有的城乡二元经济结构。各级政府在制定产业政策时会更多倾向于“惠农”，以税收、土地等优惠政策吸引社会资金流向农村，流向旅游业等新兴产业，这为有条件的乡村开发旅游扫清了资金障碍。

(3) 消费偏好转移。

良好的可进入性是城郊乡村旅游地的重要特征，城市游客不必舟车劳顿即可方便达到，降低了时间和物质成本。同时，随着国家节假日制度的改革，城市居民短时间、近距离的休闲旅游活动将进一步得到刺激，居民可支配收入持续增加，旅游消费偏好从观光旅游逐渐过渡到休闲度假与体验旅游，这为城郊乡村旅游地的快速发展提供了市场契机。

4. 新挑战：城郊乡村旅游地的定位与转型升级

(1) 城郊乡村旅游地的定位。

如果定位失当，城郊乡村旅游地将面临被边缘化的危险。城郊乡村旅游地作为典型的边缘旅游区，如将其简单归纳为城市旅游的延伸地或乡村旅游的拓展地，则其旅游功能区划分与定位的不合理性将有可能产生负边缘效应。因此，不科学的定位将会降低城郊乡村旅游不同功能区之间的相互影响力，导致旅游地不能

成功地进行资源重组和实现效应叠加。

对于新开发或初开发的城郊乡村旅游地，在开发初期能否对产品与市场进行准确定位决定着其未来命运。准确的定位能够有效减少人、财、物的浪费，避免重复建设、盲目开发，为旅游地可持续发展指明方向，是旅游地规划开发前期工作的重心所在。城郊乡村旅游地的定位主要包括目标定位、产品定位、形象定位、市场定位和功能定位等方面。各城郊乡村旅游地应根据自身资源基础、现有产业优势、客源市场特征、技术资金实力和政治经济环境等综合考虑、统筹安排，开发定位力求客观准确。相对而言，旅游地的产品和市场定位最为关键。城郊乡村旅游地的产品定位主要有强势定位、攀附定位、逆向定位、细分定位、全新定位等。城郊乡村旅游产品与其他类型旅游产品相比具有大众化、休闲化、购买重复化、消费层次化与便捷化的特征，其吸引力在于良好的原生态环境、丰富的休闲项目和完善的设施设备。

上述特征在城郊旅游产品具有一定的普遍性，是区别于其他旅游产品的重要标志。针对游客需求逐渐由观光向休闲度假转变，城郊乡村旅游地应更多关注市民休闲度假方面的产品诉求，发挥自身优势，以区别于其他类型旅游产品。城郊乡村旅游地能否准确认识自身优势与市场趋势，准确把握旅游区定性定位，是城郊乡村旅游地面临的一大挑战，需谨慎应对。

（2）城郊乡村旅游地的转型升级。

生命周期理论同样适用于城郊乡村旅游地。旅游地会由于“老形象已模糊不清、环境破坏严重、旅游产品结构不合理、市场不规范、服务质量差等”，逐渐进入衰落期。处于衰落期的旅游地需要通过一系列的专业运作摆脱困境，延长生命周期。杨振之教授论述了延长旅游地生命周期的模型，认为“一个旅游地的生命周期是可以人为控制和调整的”。城郊乡村旅游地的转型升级即是延长其生命周期的重要方式之一。

乡村旅游地的转型升级需要通过客源市场调查、旅游地调查、居民访谈、专家咨询等途径详细了解旅游地发展出现停滞甚至倒退的原因，针对存在的问题重点整治。对于旅游地产品供给与客源市场需求之间出现的错位，应及时对项目地进行规划诊断，根据形势重新进行产品定位，合理划分市场，明确旅游地产品特色与主题形象，充分挖掘旅游地的资源特质，实现城郊乡村旅游地的转型升级。

5. 成都城郊乡村亚旅游目的地转型升级实证研究

为更清晰地认知城郊乡村亚旅游目的地的现实情况与转型升级策略，本书以乡村旅游发展相对成熟的成都市为例，对成都城郊乡村亚旅游目的地转型升级做出实证研究。

（1）成都城郊乡村亚旅游目的地的对比研究。

从旅游接待量、市场知名度、市场形象等方面与各大旅行社推出的成都市著名旅游线路上的旅游景点（主流旅游目的地）进行对比分析，可以发现成都城郊乡村亚旅游目的地与主流旅游目的地之间的差异。成都常规旅游景点对比分析一览表见表6−1。成都城郊乡村旅游资源级别及主要客源市场见表6−2。

表6−1　成都常规旅游景点对比分析一览表

市内景点	景点特色	旅游资源级别	一级客源市场
杜甫草堂	名人文化、四川省国家一级博物馆	★★★	四川省
武侯祠—锦里	三国文化、风味小吃、民风民俗	★★★★	成都及周边区域
大熊猫繁育研究基地	生态园林、国宝基地、世界知名	★★★★★	国内市场
宽窄巷子	休闲古街、特色小吃、巴蜀文化	★★★	成都市
金沙遗址	主题公园博物馆、古蜀文化、祭祀遗址	★★★★★	四川省

备注：五颗星代表旅游资源的最高级。

表 6－2 成都城郊乡村旅游资源级别及主要客源市场①

城郊乡村旅游地	景点特色	旅游资源级别	一级客源市场
三圣花乡	以花卉产业为特色引导旅游发展	★★★★	成都市
龙泉驿	以花卉、蔬果、节庆为特色形成产业链条	★★★★	成都市
农科村	农家乐发源地、川派盆景之乡	★★★★★	成都市
崇州花果山	千亩李花、养生之山、水果产业	★★★	崇州市及成都市
邛崃平乐花楸村	千亩御茶园、古建筑群、民俗文化	★★★★	邛崃市及成都市

由表 6－1 和表 6－2 得知，与成都常规旅游地相比，成都发展较为成熟的城郊乡村旅游地无论在景点特色还是旅游资源级别上并不逊色。但乡村旅游的客源市场及知名度等却滞后于成都常规旅游地。可见，成都乡村旅游虽然发展态势良好，但仍然位于同类资源级别旅游景区的形象遮蔽中，尚未建立自己的形象空间。

（2）亚旅游目的地背景下成都乡村旅游发展瓶颈分析。

成都是一座具有浓厚休闲氛围的城市，为乡村旅游的发展创造了得天独厚的条件。无论是郫都区农科村、龙泉桃花山等在全国具有示范性和代表性的农家乐旅游地，还是温江花博园、书房村、邛崃平乐花楸村等后起之秀，在面临旅游产业升级和转型时，都必须根据市场需求延伸和拓展产业链条，从而扩大市场占有率，延长旅游地的生命周期。在旅游资源种类丰富、级别较高的成都市，乡村旅游正处于发展成熟期向转型升级期过渡的阶段，因此，想要延长成都乡村旅游生命周期，必须为现有的乡村旅游产品、市场形象注入活力，不断推陈出新，才能避免城郊乡村旅游地走

① 表 6－2 选择的城郊乡村旅游地与表 6－1 的成都市内景点的旅游资源级别相似。

向衰落期。但是，处于亚旅游目的地状态的乡村旅游在转型升级期将面临产品升级、形象突破等难题，具体表现为：

其一，旅游形象难以创新。据不完全统计，早在2006年成都市农家乐已达到5592家，比2003年净增1313家，增长了25%，星级农家乐达到300余家（杨小英，2006）。截至2011年底，成都市近郊农家乐已超过6000家。乡村旅游的发展促进了土地资源的升值及生产要素的优化配置。目前，成都城郊乡村旅游地的旅游形象塑造主要围绕田园风光、旅游景区、特色产业及民俗节庆四个方面，见表6—3。

表6—3 成都乡村旅游旅游形象构建依据

形象依据	代表景区（点）
田园风光	大林镇翠湖梨乡景区
旅游景区	青城山后山农家乐、黄龙溪古镇周边城郊乡村旅游地
特色产业	三圣花乡、郫都区农科村
民俗节庆	龙泉驿周边城郊乡村旅游地

由表6—3得知，成都发展相对成熟的乡村旅游景区在旅游形象定位上具有依托特色产业、知名景区或民俗节庆的特点，淡、旺季非常明显。随着旅游市场的变化和更替，处于亚旅游目的地的乡村旅游景区面临通过创新旅游形象扩大客源市场的困境。

其二，产业链条深度仍需挖掘。从20世纪90年代初的“吃农家饭，住农家屋，游农家园”到近几年的乡村度假可知，成都乡村旅游产业链条长度有所延伸，但深度仍有待进一步挖掘。成都城郊乡村旅游产品的丰富度在全国各大城郊乡村旅游目的地都具有代表性和示范性。从生态美食、农事活动、田野采摘到各类会议、宴会、节庆活动，乡村旅游产品的类型迅速增多，但其产品文化元素尚未得到足够重视，特别是加大与文化及相关产业融合的行动方针和规划尚未成体系。突破其他资源等级更高、知名度更大的旅游胜地的形象遮蔽，提高文化附加值，是成都城郊乡村旅游地摆脱亚旅游目的地地位的重要途径。“五朵金花”2011年散客与团队比例图如图6－1所示。“五朵金花”2011年游客构成如图6－2所示。

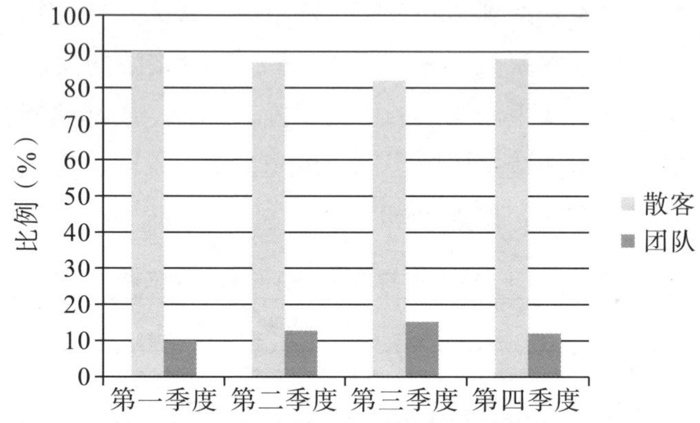

图6－1　“五朵金花”2011年散客与团队比例图

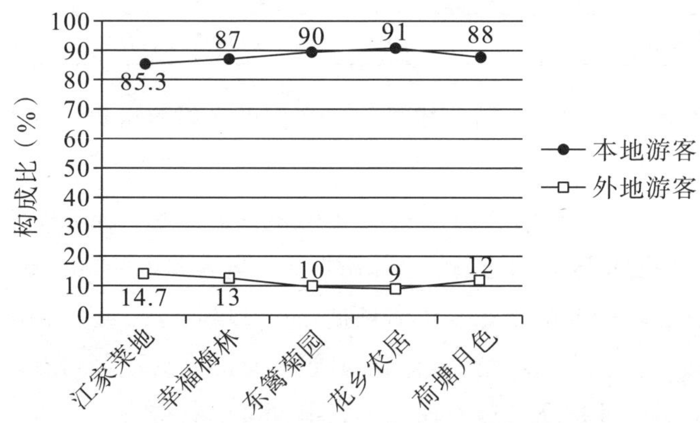

图6－2　“五朵金花”2011年游客构成图

其三，虽然知名度较大，但市场份额难以拓展。以成都精品乡村旅游景区三圣花乡的“五朵金花”为例，“五朵金花”由成都市政府统一规划，包括江家菜地、幸福梅林、东篱菊园、花香农居、荷塘月色五个主题农家园，占地约12平方公里。据不完全统计，近5年来，三圣花乡年均接待量超过900万人次，年产值1.8亿元，是成都著名的近郊休闲度假地，是全国城郊乡村旅游地的楷模。

客源市场的构成中散客比例及本地客源量是判定该旅游地是否具有亚旅游目的地性质的重要标准之一。由图6－1和图6－2得知，以“五朵金花”为代表的成都乡村旅游客源80％以上为本地客源，散客比例很大，占到85％以上，团队客人极少。可见，成都乡村旅游并不是外地客源的主要旅游目的地，在亚旅游目的地的环境中，如何分流成都其他知名主流旅游目的地的客源，扩大市场份额，是成都城郊乡村旅游能否华丽升级的关键。

（3）成都城郊乡村亚旅游目的地转型升级策略研究。

第一，充分借力成都国际旅游目的地形象。成都提出打造世界田园城市的发展目标，为城郊乡村亚旅游目的地提供了历史机遇。此外，世界休闲之都、东方伊甸园等国际旅游目的地形象均与城郊乡村旅游地存在直接联系。成都城郊乡村亚旅游目的地需借势借力成都已经形成和广为认知的旅游形象，通过乡村休闲、田园康养、古蜀文化体验等多种产品与城区主流旅游目的地形成互补，打造城郊乡村旅游目的地。

第二，充分依托乡村周边知名景区（点）。成都周边的主流旅游目的地如青城山、都江堰、碧峰峡等均围绕有众多城郊乡村亚旅游目的地。这些城郊乡村亚旅游目的地成为游客停留消费的顺访地，发展受限。知名景区（点）周边的城郊乡村亚旅游目的地需充分依托知名景区（点）的品牌吸引力，采用品牌跟随战略，吸引城市人群将乡村作为旅游目的地。

第三，充分挖掘地方文化产品。在相对同质化的农业产品和农村意象下，文化的差异就构成了城郊乡村旅游地的核心竞争力。成都作为蜀文化中心城市，周边乡村历史悠久，可挖掘的文化素材丰富多样。各乡村应深挖当地历史，从中发现可转化为旅

游产品的文化内容，以此形成与主流旅游目的地和其他乡村不一样的文化景观和旅游形象，成为游客必游之地。

（二）保护乡村意象，促进乡村亚旅游目的地转型升级

1．乡村意象，现代乡村旅游的核心吸引力

意象是诗歌鉴赏中的一个重要概念，是指可感知的主观表意的典型物象。乡村意象具有丰富的内涵，它主要表现为与城市景观有显著差别的乡村文化意象和乡村景观意象。最早将“意象”这一文学术语引入规划业的是美国著名城市规划与设计专家凯文·林奇。他指出，城市对大众来说具有“可印象性”和“可识别性”。城市所具有的这种独特的感觉形象，即所谓的城市意象。与城市相同，乡村也具有这种“可印象性”和“可识别性”，它是乡村地区在长期的社会发展过程中所积累起来的文化和景观业态，是人们普遍形成的心理认知，是乡村区别于城市的主要外在表象与文化内涵。

近年来，乡村旅游满足了城市居民回归自然、返璞归真的旅游需求，日益彰显出强大的吸引力和生命力。乡村保持了完好的生态环境和文化传统，拥有优美的田园风光，村庄与自然构成一个有机整体，这种意象在人们的心目中根深蒂固，并逐渐成为城市居民逃离现实、放松身心、体验农家乐趣的主要心理动因。因此，乡村意象构筑了乡村旅游的核心竞争力，是乡村旅游这一旅游产品区别于其他产品的主要标志之一。

2．不应以牺牲乡村意象作为发展的标志

城乡统筹提出的统筹城乡经济发展，不是要将农村城市化，更不是不顾农村的产业现状和农民意愿，以欧式住宅、高档小区之类的形象工程作为农村现代化的标志。真正意义上的城乡统筹是把城市和农村的经济社会发展作为整体统一规划，通盘考虑；把城市和农村存在的问题及相互关系综合起来研究，统筹加以解

决。统筹城乡的关键在于如何将社会经济的发展成果最大限度地惠及广大农民，如何实现教育、医疗、社会保障、基础设施等公共资源的合理化配置。

乡村的传统文化和原生态景观必须得到很好的保护，特别是一些具有良好的市场和资源基础的乡村。在乡村现代化的过程中，乡村建设不可一味地模仿城市，把“洋、新、奇”作为农村发展的标志，而应着力保护乡村独特的地方文化遗产、鲜明的民族特色和优美的田园风光，使游客进入其中能够感受到浓郁的风土人情与乡村风貌，获得与城市截然不同的心理感受。

乡村意象是一个完整的立体结构体系，包括乡村聚落、建筑空间、社会状态和文化风俗。从游客心理学的角度看，由具浓郁特色的乡村景观作为底色的乡村意象是激发城市游客进行乡村旅游活动的根本原因。游客在乡村内进行游憩活动所体验到的乡村文化，会使游客产生似曾相识的“归属感”，维持并强化了乡村意象的“可印象性”和“可识别性”。

在城乡统筹的大环境下，乡村旅游的规划开发必须强调保持原真性的乡村风光，深入挖掘乡村文化，并对社区居民开展民族文化与乡村景观保护的主题教育。在对外宣传时突出与城市环境截然不同的图景，减少经济发展对乡村意象造成的不可逆转的破坏，实现城乡经济社会与乡村旅游共同发展的美好愿景。

3．乡村意象的保护

(1) 树立鲜明的乡村意象。

鲜明的乡村意象是乡村旅游得以持续开展的原因所在。突出特色，塑造“家园”，使乡村景观由大众化向特色化发展，由一般建筑风格向乡土特色民居风格转变，是保护和维持乡村意象的重要途径。在硬件上，追求“外部民俗古朴、内部装修现代化”，不同村落分出特色、分出市场、分出规模，树立起鲜明的乡村意象，避免乡村旅游同档次恶性竞争的出现。

（2）开展乡村景观规划。

“旅游开发，规划先行”同样适用于乡村旅游。乡村景观规划是城乡统筹背景下，避免乡村城市化，避免乡村意象被破坏甚至消失，实现乡村经济、社会和生态环境三者协调发展的关键所在。在旅游开发前政府和开发商应对项目建设进行认真严谨的可行性分析，充分评估项目开发对乡村景观和生态环境可能造成的负面影响，制定科学合理的乡村旅游发展规划，正确引导乡村的建设与发展。

（3）实施合理的城乡功能分区。

合理的城乡功能分区是全面统筹城乡经济社会发展的重要途径。城市、城郊与远郊乡村的土地可利用面积不同，交通可达性和地价也各不相同，各项活动之间发生空间竞争，导致同类活动在空间上高度集聚。这就为城乡依据资源特点、交通条件以及历史传统等优势因素划分出不同的产业聚集区奠定了基础。同时，不同的产业分区易形成特色鲜明的城市形象和乡村意象，有利于依托特色产业开发乡村旅游。杨振之教授提出的“前台、帷幕、后台”理论可以借鉴并应用到城乡统筹下乡村意象的保护方面，努力在城乡之间形成“城市、城郊、乡村”三级功能分区，使各功能区完整连片、功能完备、特色鲜明，形成独特的乡村意象展示组团。

4. 乡村意象的再造

现阶段的中国乡村正处于传统乡村景观向现代乡村景观转变的过渡阶段。对乡村意象的严格保护并不是要求对乡村景观的全盘保留，而是需要适当对其进行选择性再造。例如，对一些落后的生产生活习惯，特别是迷信活动，要进行严格控制，对破旧的房屋建筑、文物古迹要及时进行修葺，对当地居民要加强宣传教育，增强其对民族文化和旅游资源的保护意识。

乡村意象的再造主要体现在对居民住宅、生活设施、基础设施等硬件实体和村风民风、风俗传统等软件资源的优化，努力营造“乡风文明，村容整洁，环境优美，特色浓郁”的现代乡村意象，为乡村的可持续发展，特别是乡村旅游的可持续发展提供强大的资源支持。对于已经形成较高市场认同的乡村意象，要下大力气去维护和强化；对于无明显特色的乡村，要通过规划设计，着力打造区别于周边景区的不同景观意象，甚至可以创造现代化的乡村意象。

从核心吸引力到区别于工业城镇的软实力要素，这是一个飞跃，这个飞跃是以乡村意象的保护和选择性再造为基础的。在城市化进程日渐加速的今天，如何最大限度地协调好经济发展与乡村生态环境保护的关系，实现乡村生活的现代化与乡村景观的原生化共同发展，是今后城乡统筹背景下，乡村旅游开发过程中不容忽视的问题，应得到各方的密切关注和妥善解决。

（三）强化乡愁，促进乡村旅游目的地转型升级

2013 年，中央城镇化工作会议文件指出：“要依托现有山水脉络等独特风光，让城市融入大自然，让居民望得见山、看得见水、记得住乡愁；要注意保留村庄原始风貌，慎砍树、不填湖、少拆房，尽可能在原有村庄形态上改善居民生活条件；要传承文化，发展有历史记忆、地域特色、民族特点的美丽城镇。”“记得住乡愁”成为我国乡村生态文明建设的新思想和新要求。

1. 解读乡愁

与乡愁接近的英文有“nostalgia”和“homesic-kness”。从字面上看，nostalgia 是由希腊语词根“nostos”（在希腊语中代表“返回家乡”“差异”之意）和“algos”（在希腊语中代表“疼痛”“思乡”之意）组成（Hutcheon L，Valdés M J. Irony），常用于英文诗歌中，寓意对家乡的思念，亦可看作是当下生活环境与家乡环境的差异让人产生的对故土和亲人的思念。homesickness 在英语中更为常用，可理解为远离家乡的不适感，

这种不适感与对家乡情感的深度成正比，但会因接触与家乡相似环境的人或事物缓解。

乡愁是一种情怀，是一个被诗化的概念，它可能是记忆里的小溪、牛羊满山坡的绿野或儿时吃过的家乡菜……寻找乡愁已成为人们开展乡村旅游的主要动机。从广义上讲，乡愁是一种具有持续吸引力的旅游资源。对乡村而言，乡愁是最具有“人无我有”特征的特色资源，既抓住了本地居民的思乡情怀，又为外地游客营造了陌生但有意思的旅游氛围。从狭义上看，乡愁既包含建筑形态、村落肌理、传统服饰、本土植物、乡村美食等可视的物质形态，也包括传统节庆、本土语言、宗教信仰等无形的精神形态。可以说，乡愁作为乡村资源的重要构成部分，代表着当地独有的一种物质与精神形态，展现了当地居民一定时期内最具原真性的生活面貌。

2. 乡愁造就独特

近几年，美丽乡村建设成为考核地方旅游和政府工作的重要内容。在多项资金和政策支持下，我国各地乡村旅游持续火爆，但也暴露出一些不可忽视的发展问题。由于缺乏专业规划和有效监管，“仿古、造古”式的穿衣戴帽、“跟风、模仿”式的快速建设成为扮靓乡村的常见手段。比较典型的案例：袁家村火了，使得在陕西以“美食街”为主题的乡村旅游地增至近60个，同类产品过度饱和，不少乡村美食街门可罗雀，还未完全开发，便已陷入发展困境。

就美丽乡村的规划和建设而言，盲目跟风，无异于“整容失败”，将会导致乡村原真性的缺失。并且，挑剔的消费者不会为人造感强的“美丽外衣”长期买单。每一个蕴含当地乡愁味道的资源都是独特的，它们是美丽乡村的灵魂和精髓。依托若干个独特的乡愁资源形成的旅游产品也势必将在市场上塑造出“人无我有”的旅游形象。因此，对乡愁旅游资源的挖掘和运用在乡村旅游规划中显得尤为重要。

3. 细致考察，发现小资源的大用处

做好前瞻性的旅游规划，全盘考虑资源开发、生态保护与旅游经营之间的关系，是美丽乡村建设的第一步。如何凸显乡村的本土性和独特性？这要求旅游规划团队在考察当地旅游资源之前就必须做好细致的分工和谋划。散布在乡村各个角落的一砖一瓦、小溪旁的一石一草、树林里的木材花卉、村民开展工作的用具等具有乡愁意义的小资源不仅见证了乡村发展的变迁史，还承载了乡村最为真实的生活气息，是能够让外界“窥斑见豹”、了解乡村原貌的碎片信息载体。在全域旅游背景下，乡村旅游不再只是著名景点、景区的代名词，而是强调旅游环境与质量的提升。这些提升往往必须通过善于挖掘和利用乡愁旅游资源才能实现。

4. 灵活运用，重视小节点的大创意

“小、散、丰富”是乡愁旅游资源的典型特征。乡愁旅游资源好比一串淡雅的丝线，将这些“小、散、丰富”的旅游项目串联起来，引人入胜。在旅游规划中，乡愁旅游资源可被运用到景观设计、基础设施美化、民宿创意、旅游商品等方方面面。其中，尤为体现在乡村公共活动空间的规划设计上，如利用本地独有的石头、花卉、木材构造的童趣空间，将历史上民居的细节造型用于路灯、垃圾桶、座椅等基础设施，将当地传统服饰材料运用到旅游商品包装上等。这样一方面，体现了本土性和差异感；另一方面，因地制宜，节省成本，事半功倍。

5. 产品转化，运用小资源造大精品

乡愁旅游资源的价值最终需要通过产品来体现，因此，如何向旅游产品转化显得非常关键。相比“浓妆艳抹”的主题乐园型景区，乡愁产品体系的构建往往需要更多创意和技术，更注重打造本土特色和细节。这就要求乡愁旅游产品的设计和开发应尽量

延续或使用资源本身特有的历史符号，再结合目标客源的生活方式、消费偏好、旅居习惯等特征，创造出能够深入人心的精品项目，如本地特产的精品农礼、富有童趣的稻田抓鱼、乡村主题牧场等。这类项目通常有“体量小、数量多、成本少、记忆深”的特点，有助于提高乡村旅游地的市场辨识度，在市场上有良好的声誉和形象。

全域旅游时代的到来，意味着美丽乡村不仅体现在建筑、街道外立面的美化，更体现在乡村宜居、宜人、宜业的细节空间和特色营造上。乡愁旅游资源在美丽乡村中的运用，既是对乡村面貌的装扮，也是弘扬和传承本土文化的重要方式，是实现“望得见山，看得见水，记得住乡愁”“发展有历史记忆、地域特色、民族特点的美丽城镇”宏伟目标的重要抓手。

二、田园养生引导下的乡村亚旅游目的地转型升级

在现代快节奏的紧张生活中，各种压力使亚健康人群数量不断增加，人们对“健康、愉快、长寿”的期望也越来越高。科学的养生被提到一个空前的高度，健康养生已经成为一种生活时尚。相比之下，城市的休闲养生空间和条件均不足以满足人们多元化的需求，城市居民亲近自然、感受自然的愿望也越加强烈。独具特色的田园养生作为一种集养生和休闲于一体的新型消费方式，在休闲度假市场已经形成一定的认知度，乡村旅游地可依托其良好的区位优势、生态环境和自然条件，打造满足现代都市居民需求的田园养生度假旅游。这是乡村旅游目的地转型升级的方向之一。

（一）田园养生概念解析

中国最具代表性的田园养生倡导者是东晋时期的田园诗人陶渊明。在其最具代表性的作品《桃花源记》《归去来辞》《归田园

居五首》与《饮酒》中我们可以读懂古人心目中的养生之道。陶渊明先生提倡“心远地自偏”的处世态度，乐于积极地融入乡野自然之中，从而切身体验纯朴本真的生活情趣，以达到修养身心的目的。现代田园养生则在继承了传统养生理念的基础上，更注重内容的丰富化和项目的参与性。

作为现代人舒缓心绪的方式之一，田园养生指建立在乡村良好的自然生态环境基础上，以观光、休闲、度假、避暑、游乐为主要形式，以延年益寿、强身健体、修身养性、医疗康健等为主要目的的休闲度假形式。田园养生旨在引导城市人暂时离开喧闹的城市环境和压力空间，通过在乡村生态环境中进行休闲游乐活动和适度的农事劳作，获得生理和心理的双重慰藉，达到强身健体和放松身心的目的。

（二）田园养生：乡村旅游发展的新趋势

随着旅游市场日益成熟，传统的农业观光旅游不再是乡村地区吸引旅游者的唯一亮点。田园养生作为乡村旅游发展的新趋势，成为乡村地区实现旅游产业升级的关键。

乡村地区具备打造田园养生的基础条件，即以相对原生、和谐的田园风光为基础，通过对农业资源及乡村景观的整合打造出富于体验性的乡村情趣和田园环境。在城市化迅速发展的今天，绿地减少、环境污染等问题使得人们的健康生活空间日趋缩小。城市居民迫切需要到城市之外去寻找新的旅游空间，去体验健康的生活方式。因此，城市化为田园养生提供了历史契机和市场保障。

传统的乡村观光正逐渐向近郊休闲度假过渡，这是机遇也是挑战。符合城市游客心理需求的田园养生和乡村度假必将成为乡村旅游可持续发展的新趋势。

（三）田园养生新视角下的乡村亚旅游目的地转型升级策略

1. 田园景观的保护与氛围营造

（1）田园景观的保护。

田园景观的形成有其自然和历史渊源，承载了丰富的文化民俗信息，是乡村宝贵的自然遗产。自然的田园景观是田园养生的环境基础。对田园景观的保护必须坚持“规划先行、保护第一”的原则，在不破坏原有景观要素的前提下，通过合理系统的植物栽培和建筑风貌改造，突出乡村天然、朴实、绿色、清新的田园氛围，打造出符合人们心理需求与旅游审美的田园景观。

（2）田园景观的氛围营造。

通过乡村环境的提升和景观氛围的营造，原始的田园景观才能够真正为当地旅游业所用。在农村田园静谧的大环境和生态自然的乡村氛围下，通过合理科学的田园景观规划和资源整合，依托森林、河流、湖滨、温泉等辅助资源，打造有别于城市的特色鲜明的田园意境，才能在真正意义上满足城市游客的心理诉求。通过树立市场认可的乡村休闲度假和田园养生品牌形象，为乡村旅游的可持续发展提供强大的资源支持，为乡村旅游的发展创造新的效益点。

2. 田园养生的三大支撑

（1）田园度假——以静养生。

乡村田园度假地通常位于环城市游憩带或知名自然风景区的周边。远离城市的灯红酒绿，寻找心中的一片净土常常是旅游者选择田园休闲度假的主要动机。在对此类旅游项目进行开发和规划时，要注重度假项目、空间、氛围与静的结合，特别是田园环境氛围的营造、建筑风格的协调等。良好的田园养生度假地应首先从环境上塑造出宁静祥和的田园风格，为旅游者提供以静养心的空间。

（2）田园农耕——以动养生。

农耕体验是现代养生的重要表现形式，是田园养生与近郊休闲旅游结合的主要形式。以动养生是我国古代人们在长期生活实践中逐渐形成的一种朴素的养生观念，是田园养生度假的重要组成部分。田园农耕不仅包含乡村农耕劳作活动，更重要的是挖掘其涵盖的一系列体现生命本源的生活方式和元素，提炼出以动养生的概念，以便于打造出区别于周边景区的田园意象。

（3）田园文化——以和养生。

“与世无争、自给自足”是田园文化的精髓，体现了以和养生的精神。田园文化也是乡村文化内涵的外在表现，对凝聚乡村精神和升华乡村形象具有十分重要的作用。对其进行深层次挖掘不仅可以提升当地田园养生休闲度假的品位和档次，而且有利于形成独特的区域品牌，迎合人们对质朴、率真的情感的追求和对乡村田园生活的渴望。

田园养生度假强调田园文化氛围的体验，所以在近郊休闲旅游目的地开发过程中，应围绕田园文化这根主题轴线，在乡村环境、乡村建筑、旅游服务设施、服务项目、旅游商品等方面诠释田园文化内涵，剖析完整的乡村文脉，凝聚本土文化个性，拓展文化空间，让田园文化和养生主题更好地融为一体。

案例 6－1 重庆市石柱县黄水镇金花村的转型升级之路

一、案例背景

金花村位于石柱县黄水镇，距黄水镇区 3 公里。黄水镇是重庆著名的避暑度假地，镇区户籍人口约 1.2 万人，夏季旅游高峰期镇区常住人口达 8 万人，最高峰时容纳人口超过 20 万。黄水镇镇区已经对周边乡村旅游地形成了形象遮蔽效应。金花村距离镇区近，避暑条件与镇区相当，但并未成为游客的首选目的地，处于“灯下黑”的尴尬境地，具有亚旅游目的地的明显特征。由于游客量少，农业规模化经营不足，金花村成为黄水镇唯一的贫困村。为提高金花村旅游竞争力，协助金花村脱贫致富，笔者主持编制了《石柱县金花村田园综合体总体规划》（成都万城文化传播有限公司，2018），力求以田园养生为方向规划金花村的转型升级。金花村规划范围图如图6—3所示。

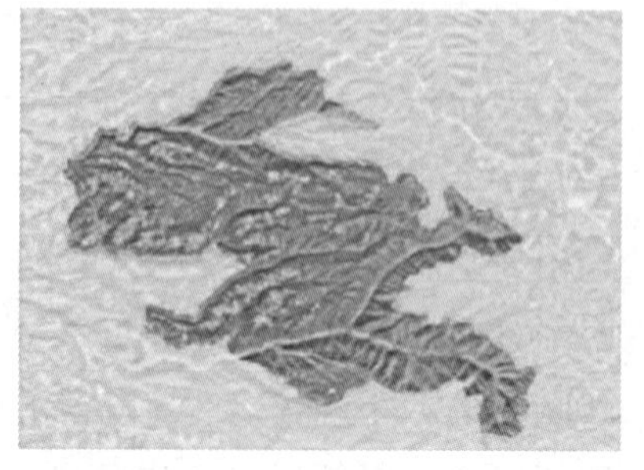
图6—3　金花村规划范围图

二、营销策划

（一）规划范围

金花村田园综合体以金花村村界为边界，包括五个村民小组，面积12.8平方公里。其中核心区位于金花村友谊组，分为黄泥磅、男子湾、摇风笼、桂花四大片区，耕地面积约1000亩。

案例评析：本次规划将金花村整体纳入规划范围，从全村视角完成功能分区与项目布局，分期分区建设，实现近、中、远期滚动发展。

（二）指导思想、规划原则及目标

1. 指导思想

以习近平新时代中国特色社会主义思想为指导，深入贯彻党的十九大精神，积极响应国家扶贫攻坚发展战略，严格落实“深化认识、深度发力”要求，紧抓重庆市精准扶贫、旅游扶贫的发展机遇，贯彻落实乡村振兴战略和“三变”改革新模式。在石柱县“着力打造全国著名康养休闲生态旅游目的地”总体目标的指引下，融入石柱县“一城一极一园五组团”的旅游空间布局，遵照打造黄水国家级旅游度假区的总体要求，发挥金花村良好的生态环境、便捷的交通区位、发达的农业基础“三位一体”的优势，结合旅游大环境和客源市场需求，大力发展有机农业、田园康养、乡村休闲、养生度假产业，全面推进金花村产业整合升级，实现金花村整体脱贫致富，力争将金花村建设为国家精准扶贫示范项目、重庆市乡村旅游扶贫试验区、“康养石柱”品牌下重要的乡村度假旅游目的地、黄水镇旅游业提效增质的重要载体。

2. 规划原则

统筹规划，分步实施：根据金花村的资源条件和市场需求，对农业产业、旅游产业、土地利用等统筹规划，针对扶贫攻坚做特别安排，做到一年脱贫、两年致富。

政府主导，企业发力，社区参与：政府在基础设施、产业政策、国拨资金等方面予以支持，企业通过引入农业产业和旅游产业，引导村民参与，带动村民脱贫致富。

搭建平台，整合资金，示范带动：以企业为主体搭建平台，面向社会整合资源，以全社会之力建设好金花村。企业打造出示范样板项目，带动其他企业进入，带动农民进入。

3. 规划目标

高起点、高标准规划基础设施配套、服务设施完善的金花村田园综合体，塑造特色突出、独树一帜的乡村环境，探索适宜金花村的农业产业，构建以农旅融合促精准脱贫的“金花村模式”，为打造重庆首个4A级田园综合体奠定良好的基础，为石柱县农旅融合发展、旅游精准扶贫起到推动及标杆示范作用。

案例评析：石柱县和黄水镇的发展定位决定了金花村的转型升级方向应以旅游业和特色效益农业为主，企业进入金花村开展定点扶贫为金花村带来了历史契机，因此制定好金花村的指导思想和发展目标尤为重要。

（三）金花村的发展条件

区位交通：区位条件较好，交通条件将持续改善，有利于项目地开发。

地形地貌：较适宜开发农业及旅游产业，但不适宜开发单纯的观光业。

经济收入与就业：村民就业以种养殖和外出打工为主，外出打工比例非常大，家庭经济收入对外出打工依赖性非常强，打工工种多为技术含量低的体力活。

人口：老龄化、空心村问题已经比较严重，任由其发展势必造成村庄可持续发展问题，需要发展经济、产业吸引青壮年回流。

产业：典型山村地形（山多地少、耕地多为台地），不利于规模化经济；土壤贫瘠，农产品产量上不去；一产薄弱，无二产，三产零星，产业落后，结构不合理。

村庄与村民住宅环境：人畜不分、水系污染、洗澡困难、厕所条件差、房屋扩建等问题突出。

基础设施和公共服务设施：部分村组缺水，缺垃圾处理和排污设施，道路较差。公共服务设施匮乏，仅有小型超市和家庭餐馆，幼儿园、医院等其他公共服务设施匮乏。

案例评析：经过多次详细实地勘察，笔者发现金花村农业基础薄弱，土地稀缺，地形地貌优美，气候舒适，适宜开发田园养生和特色效益农业，可与黄水镇区的避暑度假产品形成互补，跳出黄水镇区的形象遮蔽，成为游客到达黄水镇区后首选的乡村型避暑度假地。

（4）金花村的竞合分析

1. 农业竞合

金花村的特色农业包括黄连、莼菜和辣椒，从微观上看具有一定特色，但从石柱县乃至渝东南片区看，无论是规模还是知名度，金花村的特色农业缺乏竞争力。石柱县与周边区域的农业竞争力对比见表6—4。

黄连产业：石柱县有近700年的黄连栽培史，3万农户、10万连农种植黄连，面积达5万亩，年产1200吨，占全国产量的

60%以上。石柱黄连品质优良，享誉中外，销往全国各地并出口多个国家。

辣椒产业：石柱县有“中国辣椒之乡”的美称，建成30万亩辣椒标准化生产基地，拥有“石柱红”农业品牌。

高山反季蔬菜：石柱利用高山地区昼夜温差大，利于蔬菜作物养分积累的条件，大力开发高山反季蔬菜，形成了1万公顷的高山蔬菜种植规模。

长毛兔：石柱素有“中国长毛兔第一大县”之称，连续多年保持250万只以上的存栏规模，有80%的乡镇养兔，建立示范乡镇14个、示范村20个、科技示范园3个，养兔农户6.89万户，占全县总农户60%以上，兔毛年产量1400吨，养殖规模居全国县级第一。

2. 旅游竞合

石柱县乡村旅游项目众多，形成了环县城乡村休闲旅游区、大黄水乡村旅游示范区、特色山乡休闲度假区、沿江乡村旅游区四大乡村旅游区，打造了万胜坝村、云中花都等多个乡村旅游点。石柱县传统的乡村休闲观光游竞争激烈，缺乏田园康养项目。家庭农场数量较多，但多以生产为主，与旅游结合不紧密。

3. 康养竞合

黄水镇是石柱县最主要的康养度假目的地，但游客一般居住在镇区。目前全镇共有宾馆302家，接待床位14517张。“黄水人家”乡村旅游专业合作社社员达到265家，共有接待床位1405个。接待设施以镇区的度假酒店、乡村客栈为主体，产品类型单一，档次普遍较低，中高端特色乡村度假设施匮乏。

石柱县特色乡村旅游重点建设项目一览表见表6—5。黄水镇主要住宿设施一览表见表6—6。黄水镇农家乐统计表见表6—7。

表6—4　石柱县与周边区域的农业竞争力对比

区（县）	国家地理标志产品（个）	重庆市地理标志产品（个）	绿色食品认证（个）	有机食品认证（个）	无公害农产品认证（个）	总计（个）
武隆	2	9	34	4	15	64
丰都	7	4	4	2	24	41
忠县	1	2	38	6	60	107
彭水	18	10	7	1	5	41
黔江	1	2	5	1	3	12
利川	3	—	—	50	—	53
石柱	2	3	22	3	61	91

表 6—5 石柱县特色乡村旅游重点建设项目一览表

项目类型	项目名称	建设内容
环县城乡村休闲旅游区	玉皇殿现代休闲农业观光园	生态餐厅、现代农业展示区、绿色蔬菜采摘区、大棚瓜果体验区
	双坝农业观光示范园	以核桃、梨为主，打造农业采摘体验项目
	龙沙镇观光采摘体验园	特色水果、蔬菜种植，星级农家乐建设，生态农庄建设
	三河镇猕猴桃采摘体验园	以猕猴桃种植、观赏、采摘为主题、挖掘良万寿寨秦良玉文化
	下路镇特色产业示范园	以辣椒、玉米、特色蔬菜为主，生态农庄，采摘体验
大黄水乡村旅游示范区	云中花都	花卉产业、观花体验、度假养生
	莼美田园	莼菜种植、加工、科普，采摘体验，星级农家乐建设
	千野休闲农业园	以佛莲洞景区为核心，打造鱼池团结村现代农业示范园区，以花卉、特色中药材等产业为主
	十里荷塘体验园	以荷莲生产、观花、休闲为主题
	黄连种植体验园	黄连种植、加工，发掘黄连苦文化，农家乐配套
	高山蔬菜采摘园	利用冷水太平槽高山冷凉优势条件，因地制宜发展高山特色蔬菜，采摘体验

续表6—5

项目类型	项目名称	建设内容
特色山乡休闲度假区	沙子特色冷水鱼体验观光园	专家大院、冷水鱼养殖园区
	马武黄鹤边城文化体验园	依托马武河冷水资源发展生态渔业、发掘渝鄂交界边远小镇文化，特色中药材种植
	三星万亩梯田休闲观光园	发展水稻、蔬菜形成万亩梯田景观，打造休闲农家乐
	金铃特色经果林产业园	发展高山核桃、板栗等经果林，发展中药材种植
	桥头生态湿地农业园	利用藤子沟水库打造湿地公园，配置特色农业产业，建设星级农家乐
沿江乡村旅游区	沿溪豪杰农业示范园	依托企业打造精品农业，集休闲观光、养生体验于一体
	深溪花椒佛手生态园	以花椒、佛手为特色和主导产业打造现代农业示范园区，完善园区配套设施
	南坪农业大观园	利用南坪田园地貌，注重农业产业布局，打造四季有花有果的特色大观园区
	西沱风情古镇养生体验园	以西沱云梯街的旅游品牌效益，发展养殖业，打造生态养殖园区

表 6－6　黄水镇主要住宿设施一览表

住宿设施	等级	位置
绿宫度假酒店	五星标准	黄水镇区
黄水假日森林酒店	五星标准	黄水镇区
明月戴斯酒店	四星标准	黄水镇区
黄水避暑山庄	三星标准	黄水镇区
黄水宾馆	二星标准	黄水镇区
石房子接待中心	—	大风堡景区内
黄水人家	—	黄水镇区
海缘客栈	—	黄水镇区
森海大酒店	—	黄水镇区
吉庆客栈	—	黄水镇区
河源宾馆	—	黄水镇区

表 6－7　黄水镇农家乐统计表

分布区域	数量（家）	占比（%）
黄水镇区	65	46.8
万胜坝村	53	38.1
红沙	5	3.6
大风堡	5	3.6
药用植物园	2	1.4
其他	9	6.5
总计	139	100

案例评析：通过对金花村可能会进入的细分市场进行竞合分析，发现金花村现有的特色农业莼菜、黄连、辣椒在宏观层面并不具有特色，很难形成吸引力。普通的乡村观光游竞争激烈。黄

水镇的康养度假产品以镇区酒店为主，乡村旅游以农家乐为主，中高端的田园康养项目匮乏。充分的竞合分析为金花村的发展指明了方向。

（五）金花村的转型升级策略

基于上述调研分析，笔者将金花村的转型升级策略总结为三句话：以有机农业为基础，以康养旅游为串联，以农旅结合为驱动。

1. 功能互补，打造差异

通过分析石柱县和黄水镇的旅游产品，笔者发现项目地周边缺乏高端乡村度假型康养产品，田园康养产品存在市场空白。同时，黄水镇区的旅游产品多为日间观光与避暑旅游产品，夜间休闲产品较贫乏。因此在差异化打造原则的指导下，高端乡村度假将是项目地主要的发展方向，有潜力成为“风情土家，康养石柱”的旅游新支点。

2. 区位提升，重点突破

悦黄路的建成，提升了项目地的区位，改变了黄水镇的旅游发展格局。项目地有潜力打造环黄水镇区的乡村型避暑康养地和大黄水乡村示范区的门户景区。

3. 康养品牌，借势发展

项目地可以借石柱县的康养度假品牌之势，打造乡村度假品牌作为区域品牌的补充，成为石柱县第一个高端乡村度假地和精致化田园康养目的地。

4. 农业产品，定制生产

项目地用地有限，农业产品产量有限，因此适宜打造以手工、绿色、有机为标志的高端特色农产品，并面向以委托方小区业主为主体的固定客户群定制生产，不适宜大规模的产业化经营。

（六）金花村的总体定位

1. 战略定位：中国田园康养第一村，以乡邻文化为特色、

家庭农场为主体的复合型乡村度假目的地

乡邻文化：乡邻文化是委托业主作为地产开发商的产品文化。乡邻文化与康养度假产品、乡村本土文化紧密相连，是高端康养游客偏好的文化。规划将金花村打造为以乡邻和睦、亲情氛围为特色的乡村文化集中地。

家庭农场：家庭农场是项目地的核心资源和主要吸引物，是游客开展田园康养的重要载体。规划将金花村打造为重庆市高山农场的聚集地，创造重庆市的乡村旅游精品。

复合型：规划金花村以农业为基础，以旅游康养提升附加值，以研学、亲子、运动等产品为补充，构建一站式康养度假产品体系。

乡村度假：从镇区到乡村，从城市到自然，从乡村观光到享居乡下，项目性质的本质是乡村度假，可补充石柱县缺失的康养度假产品。

目的地：项目近期以委托方业主和黄水镇区分流游客为主。随着产品体系逐渐完善，中远期将成为吸引中远程游客的目的地。

案例评析：战略定位是金花村的发展总纲。笔者将其定位于“中国田园康养第一村”，是基于金花村的地理区位、资源条件和发展基础，在委托方（A 股上市公司、中国房地产前 20 强、金融 3A 信用等级）的强大资金支持和开发意愿下，依托成渝经济圈庞大的游客消费群体充分论证后做出的。

2. 目标定位：石柱一流、重庆著名、全国知名的乡村度假与避暑养生目的地，具有全国影响力的政企联合扶贫与乡村振兴示范项目

把握国家、重庆、石柱大力促进精准扶贫、大力发展乡村旅游的机遇，立足金花村优越的区位交通条件和避暑度假资源优势，以养生避暑度假市场和乡村休闲游客需求为基础，高起点规

划、高标准建设金花村田园综合体。

3. 功能定位：以家庭农场为特色，以乡村度假为主题，以有机农业为核心，集农业生产、乡村体验、避暑疗养、亲子游乐、研学科普等于一体的乡村型避暑养生旅游度假目的地与有机农业生产基地

金花村田园综合体功能定位图如图6—4所示。

图6—4 金花村田园综合体功能定位图

4. 市场定位：老年与儿童的全暑期市场和中青年游客周末度假市场（成渝城市群中等收入家庭游客）

地理市场定位：近期以委托方的社区业主及黄水镇度假游客为主；中远期以重庆市为基础客源市场，辐射川、渝、贵、鄂市场。

年龄市场定位：近期以家庭客群为主，重点开发中老年、儿童群体；中远期以家庭客群为主，全面开发儿童、青少年、中老年客群。

动机市场定位：根据未来游客消费趋势及项目地旅游总体目标，项目地游客出游动机将主要集中在避暑康养、农业休闲、研

学旅游、农产品消费四个层面。

组织形式市场定位：金花村应以散客出游为主，依托农业休闲之旅，吸引较多的游客，同时注重散客中家庭游客的拓展，力争旅游接待上规模、旅游项目做精做细，吸引中高端家庭消费人群。

案例评析：亚旅游目的地转型升级为主流旅游目的地需要时间积淀和科学运营。笔者根据项目操作实际情况，将市场定位细分为近期和中远期，以利于企业有的放矢。其中，近期市场需充分挖掘委托方在川渝地区开发的数十个居民小区的上百万业主，可以为金花村带来稳定的初期市场，为后续市场开发奠定基础。

（七）规划理念

1. 原乡规划

以最少的人为干预，创造最自然的休闲度假环境，保持村庄的“乡村性”，只整治环境，不做大量建筑和景观小品，实现无痕化规划，保持原乡特性。

2. 可食地景理念

对必须进行人工整治的区域，引入可食地景理念，以蔬菜、水果等种植物作为景观设计元素，尽量少使用钢筋水泥等现代材料以及城市园林常用的绿化植物。

3. 生态循环理念

引入覆土建筑、热能循环等生态建筑设计理念，使建筑与自然完美融合。试点石柱县种养结合生态循环农业，为人们提供纯天然的农业生产模式和产出物。

（八）规划结构

1. 分区原则

功能分区是金花村落实康养项目、保持可持续发展的基础。在金花村的空间结构和功能分区规划中，笔者主要遵循了以下基本原则：资源为基础、区位为本底、现状为标尺、上位规划为红线；以休闲度假为核心，布局形成组团式、点状以及网状结构；

统一规划，分期实施；旅游与农业有机交融；空间联动与区域联动、内部功能和产品有机衔接。

2. 空间结构

规划形成“一心一带五区”的总体结构，构建“一心凝聚，一带串联，五瓣同展”的空间格局。金花村每个村组均是独立的功能组团，各组团有所侧重，差异化发展。金花村田园综合体空间结构图如图 6—5 所示

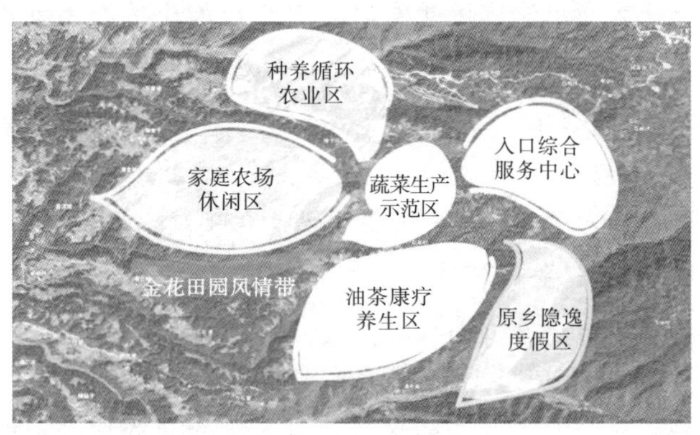

图 6—5　金花村田园综合体空间结构图

案例评析：科学的空间结构划分是可持续开发的基础。笔者多次走访金花村的五个村组，发现各村组在区位交通、土地面积、产业基础、建筑风貌等方面均有一定差异。项目委托方之一是国内知名的油茶生产企业，具有油茶种植、加工、销售一条龙产业链，油茶本身即是高端康养型农业产品，与金花村的定位相契合，因此，笔者建议引入油茶产业，作为田园养生的特色产业基础，也为金花村特色效益农业转型提供方向。根据实际情况和对发展目标的综合考量，最终形成了金花村的空间结构。

（九）分区规划

1. 入口综合服务中心

规划范围与面积：金花村村委会及周边用地，总计 525 亩。

金花村入口综合服务中心平面布局图如图 6—6 所示。

划分依据：入口综合服务中心区位交通优势明显，村委会位于金花村中部偏东，是镇区进入项目地核心区的必经之路，是悦黄路的重要节点，未来将成为金花村的形象窗口。本片区建设用地较多，权属清晰，有利于近期开工建设。

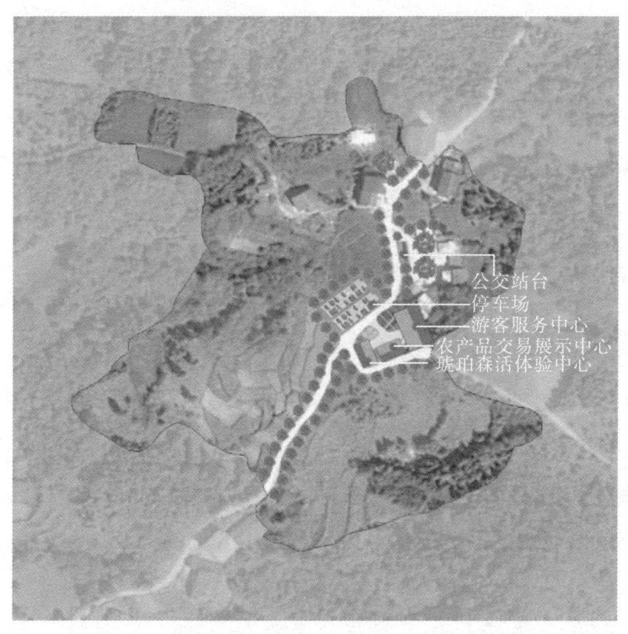

图 6—6　金花村入口综合服务中心平面布局图

规划要点：重新规划村委会及周边可用地块，建设村民服务、游客服务、农产品交易的集中区域。

主要建设项目：游客服务中心、村民服务中心（村委会）、农产品交易中心、琥珀森活体验中心、生态停车场、公交车站（换乘中心）。

2. 家庭农场休闲区

规划范围与面积：金花村友谊组，总计 1230 亩。

划分依据：友谊组以坡台地为主，60%的土地坡度小于

25%，用地集中连片，易于开发；大部分用地视野开阔，坐北朝南，旅游开发价值较高；民居建筑“小集中，大分散”，与耕地相依相伴，与农场建设需求吻合；尚未有其他公司进入，合作关系相对简单。

规划要点：规划三大农场、三大乐园，以家庭农场模式开发友谊组，企业一期重点开发1～3个农场，形成示范效应，带动有能力的村民自发经营农场，或委托租赁给企业统一经营，以此带动全组经济发展；企业引入特色种植作物，引导村民种植并统一收购作物；整治村组环境，提升民居建筑风貌，营造旅游氛围；打造村组内的慢行系统；合理遴选和布局建设用地，新建一批康养避暑项目，改造一批民居建筑为特色民宿，完善旅游接待体系，完善标识标牌、卫生、通信等旅游基础设施。

主要建设项目：友谊高山农场（草莓农场、向日葵农场、番茄农场）、呱呱乐园、萌宠乐园、森林乐园、农耕乐园、金花里。

3. 原乡隐逸度假区

规划范围与面积：金花村双河组，总计1300亩。

划分依据：双河组以谷地为主，25%的土地坡度小于5%，用地平坦，易于开发，但耕地面积仅有200亩，不利于公司规模化种植和农业经营；旅游村落格局保持良好，民居建筑均为木质传统建筑，旅游开发价值较高；植被覆盖率达80%以上，海拔1150米，刘汉溪贯穿全组，水质清澈，水量充沛，造就了世外桃源般的良好康养度假环境。

规划要点：规划严格保护双河组的村容村貌和民居建筑风貌，严禁修建现代建筑；引入企业整体租赁耕地及民居建筑，打造高品质的乡村度假避暑产品；引入企业养殖娃娃鱼，形成黄水特色种养殖中心。

主要建设项目：归野民宿群、双河娃娃鱼基地。

4. 种养循环农业区

规划范围与面积：金花村紫金组，总计 1000 亩。

划分依据：紫金组可进入性较差，耕地数量有限，不适宜大规模进行企业化农业开发，村容村貌等条件不佳，不适宜开发旅游业，因此将其作为种养循环农业试验区，带动区域发展。

规划要点：以“企业＋村委会＋合作社＋农户”的方式运营，村委会通过申请政府资金完成循环农业基础设施建设，企业负责农产品的销售，合作社按照标准指导农户种植、养殖农产品。

主要建设项目：有机农业生产基地。

5. 油茶康疗养生区

规划范围与面积：金花村金台组，总计 900 亩。

划分依据：金台组可进入性较好，村庄风貌较好，用地集中连片，但坡度相对较大，视野开阔，较适宜农业开发和旅游经营。

规划要点：规划为金花村的特色经济作物种植基地，以高山油茶为主，引入油用牡丹、铁皮石斛等经济作物，采用企业示范、政府补贴、市场帮扶的模式，带动村落发展；在已有经济作物的基础上，适当引入旅游康疗产品，为避暑度假的人群提供康养场所。

主要建设项目：特色经济作物种植基地、茶油有机餐厅、油茶庄园、帐篷酒店、梯田民宿、茶树木屋、悬崖餐厅等。金台组风貌整治效果图如图 6—7 所示。金台组康养度假设施一览表见表 6—8。

图 6–7 金台组风貌整治效果图

表 6—8 金台组康养度假设施一览表

度假设施名称	类型	建筑面积（平方米）	客房数（个）
梯田民宿	田园	3000	30
帐篷酒店	野奢	5000	50
树屋营地	自然	—	40
田园抗衰老中心	现代	1500	10
油茶庄园	康疗	3000	25
茶树木屋	康疗	1000	30
总计		13500	185

6. 蔬菜生产示范区

规划范围与面积：金花村白金组，总计 700 亩。

划分依据：白金组可进入性较好，村庄风貌较好，用地集中连片，较适宜农业开发，目前主要以莼菜种植为主。

规划要点：规划为金花村的蔬菜种植基地，在现有莼菜、辣椒的基础上，可继续引入生姜等新品种，打造重庆市知名的高山蔬菜生产基地，成为金科业主蔬菜直供基地。

主要建设项目：高山蔬菜种植基地。

（十）重点项目策划

1. 游客服务中心

游客服务中心规划设置于现村委会位置南侧 100 米。游客服务中心以旅游集散服务与中转功能为主，为游客提供系统全面的咨询服务，如旅游咨询、信息查询、旅游代理、投诉接待、救援帮助、纪念品展示、旅游便民、导游讲解、游览咨询、行程安排、车辆供给等服务。建筑面积约 600 平方米的游客服务中心，将包括游客中心、村民服务中心、景区管理处三个部分。游客服务中心采用覆土建筑理念，既展现金花村绿色、健康的生活理念，让建筑与自然融为一体，也能够创造独特的景观。

2. 琥珀森活体验中心——世界上第一个油茶材料生态建筑

琥珀森活体验中心设置于游客服务中心南侧，建筑面积 200 平方米，用于展示油茶的发展历史、茶油的主要功效、茶油及其衍生品的类型等，同时作为委托方茶油产品的宣传窗口。整栋建筑的建筑材料全部采用油茶树枝叶、油茶籽皮、油茶饼等，既生态环保，又体现出油茶的多种用途，还可申报吉尼斯世界纪录，成为金花村的营销热点。

3. 金花高山农村群

考虑项目地农场项目的四季可游性及当地农产特色，规划设置草莓农场、向日葵农场，与番茄农场一起打造为金花村三大高山特色农场。规划近期创建渝东南最具集聚效应的农场示范地，中远期组团创建重庆市最具特色的农场旅游示范地之一。通过打造石柱最集中的高山果蔬农场集聚区，并深度演绎果蔬主题，金花村可形成果蔬主题创意游乐空间，满足不同层次、类型游客的需求。

番茄农场：充分挖掘农旅融合技术，提供展示番茄相关知识和新技术的平台。以番茄为主题，结合番茄的相关知识，延伸番茄产业链，打造集知识性、教育性、趣味性、参与性为一体的番茄深度体验基地。主要项目包括番茄种植基地、番茄主题餐厅、番茄观光车、番茄课堂、番茄商店、番茄运动园、番茄主题景观。

草莓农场：主要设置草莓种植基地、草莓主题餐厅、草莓果酒作坊、草莓课堂、草莓专列、草莓商店。

向日葵农场：主要设置向日葵种植基地、瓜子作坊、向阳屋木屋群、向日葵主题餐厅、婚纱摄影基地、向日葵深加工作坊。

4. 青蛙呱呱乐园

青蛙呱呱乐园规划于黄泥磅东侧，占地面积 50 亩。在黄泥磅东侧河沟地规划石蛙养殖场，并开辟南段为石蛙课堂。低洼地改造为青蛙呱呱乐园，引入多种青蛙，既作为观赏、科普内容，也可作为亲子活动“抓青蛙大赛”场地。改造部分民居为青蛙餐厅、青蛙科普馆、青蛙旅游纪念品商店。青蛙呱呱乐园的主要功能为带动村组养殖经济，提升村组环境景观，为游客提供健康生态的特色食材和休闲产品。主要项目有石蛙养殖场、石蛙课堂、青蛙乐园、青蛙餐厅、青蛙科普馆、青蛙旅游纪念品商店。

（十一）农业产业规划

特色农业产业既能够为田园康养提供产品和产业基础，营造田园景观，也是金花村村民脱贫致富的重要途径。规划金花村农业产业实施“一十百千万”工程，即一个油茶园区、十个高山农场、百户精品民宿、千亩蔬果基地、万米农业景观廊道。

1. 一个油茶园区

规划面积 2000 亩（友谊组高标准建园 200 亩，中等标准建园 400 亩，普通标准建园 1400 亩，悦黄公路沿线两侧 30 米）。选择适合高海拔的油茶品种作为园区的主要种植物。

2. 十个高山农场

友谊组5个旅游接待型农场：西瓜农场、番茄农场、向日葵农场、通草果农场、草莓农场。

其他村组5个生产基地型农场：玉米农场、马铃薯农场、五色稻农场、油茶农场、老鹰茶农场。

3. 千亩蔬果基地

在金花村布局多个蔬果基地，操作模式：委托方业主认种，农户定向种植，定制农业产品；农户自行种植，企业统一采购，定向供给委托方业主；企业认种，面向重庆市大型企业，采用定向种植方案，为企业食堂提供绿色食材，并可制作礼品装，作为员工福利和企业礼品。

4. 万米农业景观廊道

沿悦黄路沿线打造千米李花、千米稻田艺术、千米奇瓜异果、千米松林秘境四个主题总计万米农业景观走廊，形成金花村观光游的主要产品。

（十二）道路与交通组织

1. 道路结构

规划形成“一主多枝”的叶脉型交通组织结构，以悦黄路为主脉，各村组公路为支脉。道路提升效果图如图6—8所示。

悦黄路宽12米，长13公里；村道宽4.5米，长43公里。

在游客服务中心设置一级中转车站，接驳从镇区抵达的交通车，为散客提供中转到项目地的小巴车。在悦黄路友谊组出口设置二级中转车站，为私家车提供中转服务。紫金组、白金组、双河组不设置中转服务，需自驾车前往。

2. 交通组织

规划形成四级联动、构建完善且富有特色的内部交通体系。

图 6-8　道路提升效果图

旅游集散：建立分层级的旅游集散体系，其中入口综合服务中心为一级旅游集散中心，金台组、双河组、友谊组为二级旅游集散中心。

风景交通：以旅游风景道标准建设内部道路，其中友谊组为重点。

公共交通：协调政府开通对外公共交通线路，设站点于入口综合服务区，与悦峡镇、黄水旅游集散中心相衔接，实现外部的游客输送；适时开通从游客服务中心到各主要旅游景点的专项旅游交通线路。

特色交通：以绿道建设为基础，拓展徒步道、自行车道、马车道等特色交通体系。这既是旅游体验，也是通勤道路，还能够产生经济效益。

案例结语：金花村规划还涉及扶贫规划、基础设施规划、营销规划、品牌规划等内容，因篇幅有限并未展开。经过科学定位和产品设计，在政府部门和委托方的共同努力下，经过 5 个月的建设，2018 年 7 月金花村百亩向日葵农场已经建成营业。相信规划能够指导金花村从黄水镇区的形象遮蔽下顺利突围，成为石柱县乡村养生旅游目的地，打造区别于黄水镇区城市型避暑度假的田园养生旅游目的地，实现亚旅游目的地向旅游目的地的转型升级。

三、户籍制度改革影响下的城郊乡村旅游地转型升级

户籍制度是我国特有的人口管理制度，是计划经济时期遗留下来的特殊社会治理结构。在我国城乡统筹发展的大趋势下，户籍制度改革是重要的探索领域。户籍制度改革将扩大城镇人口规模，促进城乡经济交流，加速农村土地规模化聚集，扩大农业产业化规模，这对乡村旅游的开发和发展将产生深远影响。研究户籍制度改革的动因以及户籍制度改革对乡村旅游转型升级的刺激机制及作用，对指导乡村旅游转型升级具有重要意义。

（一）问题的提出

户籍制度在我国拥有悠久的历史。周朝军队中采用的“什伍制”是我国户籍制度的雏形，此后出现的保甲制度则一直延续至中华人民共和国成立初期。中华人民共和国成立初期，我国经历了短暂的人口自由流动期。1953 年 4 月，政务院颁布了《关于劝止农民盲目流入城市的指示》，之后相继多次下发文件，要求各地采取措施制止农民盲目进城，公民自由迁往城镇开始受到严格控制①。1958 年 1 月 9 日，全国人大常委会颁布的《中华人民共和国户口登记条例》标志着农业户口和非农业户口的出现，我国二元户籍制度也正式形成。

在我国漫长的经济社会发展沿革中，户籍制度曾起过积极作

① 许经勇. 我国户籍制度改革的回顾与前瞻［J］. 北方经济，2011（7）：4—6.

用，在计划经济时期，以户口为手段强化人口迁移调控成为国家控制人口分布，特别是人口城乡分布，从而达到特定政治经济目的的重要手段①。在市场经济条件下，城乡之间的资源交流日益密切，传统户籍制度及其附加制度使城乡居民的差距扩大、城市化减缓、环境恶化等社会问题日趋严重②。

作为国家统筹城乡综合配套改革试验区，重庆市具有以大城市与大乡村为基本特征的典型城乡二元经济结构。在探索户籍制度改革方面，以 2010 年 7 月 25 日公布的统筹城乡户籍制度改革的若干文件为标志，重庆市户籍制度改革走向系统化和规范化。在乡村旅游发展方面，在统筹城乡与户籍制度改革的大背景下，重庆市重点开发建设了永川区黄瓜山乡村旅游示范区、潼南油菜花乡村旅游示范区等一批试点单位，走在了全国前列，对全国其他地区具有一定参考价值。

（二）户籍制度改革对乡村旅游转型升级的积极作用

1. 户籍制度改革为土地流转提供便利，使得乡村旅游产业化经营得以实现

我国农村现有的土地配置是根据家庭户籍人口数量划分承包的，在土地承包的初期，劳动力与土地数量之间较为均衡。但随着迁徙、出嫁、死亡、移民等情况出现，家庭户籍人口不断变化，但土地承包划分却保持相对稳定，造成了土地配置不均衡。如很多地区出现家庭劳动力流失后孤寡老人无力耕种，致使土地荒废的情况。

户籍制度改革使非农人员退出土地承包权，或使具有农村户籍但并未从事农业生产的人自愿保留承包权而出售或出租使用权，并通过土地整理和土地流转，实现农村土地集约化发展。

---

① 伍先江．当前我国户籍制度改革：认识误区与近期举措［J］．人口与发展，2009（6）：37－41．

② 李全生．近年来关于二元社会结构的研究综述［J］．理论导刊，2004（3）：56－58．

户籍制度改革也为有条件的非农人员转为城镇户口提供了便利。重庆市在户籍制度改革中，重点鼓励有条件的农民工及新生代①转为城镇户口，这些人大多数并未从事农业生产。通过鼓励非农人员加入城镇户口，可盘活存量土地，特别是便于统一分散的宅基地及村集体建设用地，为乡村旅游及特色产业的开发储备建设用地。截至2009年底，重庆市全市农户承包耕地流转达到320余万亩，占农村承包耕地总面积的16%。仅2007年3月至7月，重庆市就进行了30余万亩土地流转，流转规模同期位居我国四个直辖市之首（表6—9）。

表6—9　2007年3月至7月京、津、沪、渝土地流转情况一览表

地区	土地流转总面积（万亩）	占承包面积比例（%）	单份合同流转面积（亩）
北京	3.58	4.71	3.94
天津	8.15	9.85	5.69
上海	22.44	40.99	4.69
重庆	30.44	5.67	3.72
平均	16.15	15.30	4.51

在土地承包权流向方面，主城“一小时经济圈”内的土地流转中有一半土地都流向了农业产业化企业，30%～40%流向了农业种植业大户和农民合作经济组织。以乡村旅游产业发达的重庆市“一小时经济圈”为例，其土地流转比例远高于乡村旅游欠发达的渝东南地区（表6—10），土地承包权流转对乡村旅游发展潜力较大、乡村旅游产业化经营趋向明显的地区具有重要的推动作用。

① 在主城区务工经商五年以上、在远郊区县城务工经商三年以上的农民工、农村籍大中专学生和新增退役的农村士兵等。

表 6－10　重庆市“一圈两翼”农村土地流转情况一览表

项目	重庆市	一小时经济圈	渝东北翼	渝东南翼
流转总面积（万亩）	217.39	122.87	78.18	16.34
流转比例（%）	10.84	11.32	10.93	4.89
涉及农户数（万户）	86.35	48.11	32.89	5.34

数据来源：重庆市农办《重庆市农村土地流转问题的调查与思考》，数据统计截至 2007 年。

2. 户籍制度改革增加城镇人口数量，扩大乡村旅游产品的潜在消费群体规模

户籍制度将生产力最重要的组成部分——人力资源，以固定形式限制于城市或乡村，使有能力在城市生存的人口由于户籍限制而被迫返回乡村，而无力在城市定居的人口无法向乡村流动，城乡互动仅仅停留在经济、信息以及暂时的人力交换等表层，固着并加剧了我国二元经济结构。

另一层面，二元经济结构的现实存在也在客观上促进了城市居民到乡村进行旅游观光。乡村旅游的主要消费群体集中在城镇地区，这一群体又可细分为探新求异型游客和寻访回忆型游客，从乡村转向城市的农转非城镇居民前往乡村地区旅游大部分属于后一种类型。

户籍制度改革使得有能力定居城市的农村人口在城市定居，提高了城镇人口比例，如重庆市以解决农民工城镇户口为突破口，目标是在 10 年内让 1000 万农民转户进城，到 2020 年要让全市户籍人口城镇化率达到 60%以上①。截至 2011 年 12 月 31 日，重庆市累计农转城约 322 万人，整户转移 82 万余户。旅游是城市居民进入乡村的核心动力，休闲旅游人群组成了城市人群

① 吴克泽．户籍制度改革的探索——兼谈重庆市户籍制度改革新举措［J］．宁夏社会科学，2011（6）：70－73.

进入乡村的龙头队伍①，城镇人口基数的增长为乡村旅游产品开发提供了良好的市场环境。

3. 户籍制度改革构建新型社会保障体系，降低了非农生产风险系数，提高了乡村旅游投资规模

促进社会全面进步是我国建设和谐社会的要求。促进社会全面进步，就是要推动农村经济社会全面进步，促进农村地区医疗、保险、文化、教育、商贸等事业全面发展。推动户籍制度改革，使有条件的地区的农村户籍向城市户籍转化，使得农村人口能够更多地利用城市的优质资源，这是农村社会全面进步的必然要求。

针对户籍制度改革下的农转非居民，各级政府制订了详细可行的保障方案。如重庆市在户籍制度改革中对农民转户进城设计了“3+5”保障体系。“3 年过渡”是指对农村居民转户后承包地、宅基地的处置设定了 3 年过渡期，允许转户农民最长 3 年内继续保留宅基地、承包地的使用权及收益权。“5 项纳入”是指农村居民转户后，可享受城镇的就业、社保、住房、教育、医疗政策，与城镇居民享有同等待遇。农民转为城镇户口后从事非农生产的风险系数大大降低，有利于农民将更多资金投向农村进行乡村旅游开发，提高了乡村旅游投资的整体规模。

（三）户籍制度改革对乡村旅游转型升级的消极作用

1. 乡村旅游的迅速发展使当地农民收入增加，农转非动力减退

随着城市开发的推进，基础设施不断完善，特别是乡村旅游的快速发展，使农民的生活水平有了很大改善。当地农户农转非的动力不足，再加上城市周边地区的土地增值潜力较大，农户更

① 王瑗．城市边缘区乡村旅游地城市化进程研究——以成都三圣花乡为例［J］．城市发展研究，2010，17（12）：1-4.

不愿退出宅基地及土地使用权。

重庆市在推行农转非过程中遇到了巨大阻力。在部分城乡接合部的村落中，在城区经营工商业多年的居民事实上已经成为城镇人口，但面对可预期的巨大土地红利，为了留住土地而拒绝转为城镇户口。另外，在城郊乡村开展乡村旅游经营的农户本身就是以宅基地或自己耕地为生产资料开展旅游接待的，为了留住宅基地和耕地以继续低成本经营乡村旅游，更不愿意转为城镇户口，甚至个别地区在城市化过程中出现了“农家乐”钉子户。这就从客观上造成了乡村旅游对户籍制度改革的牵制，减缓了户籍制度改革的步伐。

2. 城乡人员流动频繁，乡村重建出现城镇化趋势，威胁乡村旅游发展根基

现有户籍制度被打破后，城乡人员流动更频繁、更便捷。一方面，大批农业人口转为市民后转向城镇生活，农村人口减少，村落之间开始合并重建，在乡村重建过程中极易出现城镇化现象，这对乡村旅游的发展根基——乡村意象产生严重威胁。另一方面，乡村旅游产业升级，部分具有较高知识水平的城市务工人口向乡村转移，为适应这些人口的审美需求和生活需要，大量乡村建筑被建设成城市风格，特别是一些乡村旅游发达地区，有经济实力的农民和部分到乡村地区从事经营活动的城市人口，出于居住需要将具有地域风格的民宅改建成钢筋水泥建筑，直接导致乡村旅游的特色化、区域化和民族化风格不复存在，乡村旅游的独特卖点“乡村性”或“乡土性”在城市化进程中消失殆尽①，这对乡村旅游发展的影响极大。

---

① 税伟，陈烈，王山河. 城市化与城市近郊乡村旅游开发研究——以成都邛崃市鹤鸣村为例［J］. 地理与地理信息科学，2005，21（3）：97－100.

3. 乡村旅游开发导致土地流转困难增大，削弱户籍制度改革基础

农业生产下的土地级差是由土壤、肥力、养分、阳光等条件决定的，开发乡村旅游后，土地级差的影响因素转变为交通、区位、自然条件、面积等，城郊地区的土地级差也更悬殊，适合旅游经营的优良地块比偏僻地块产出的价值更高。这一方面造成同地区间农户之间贫富差距加大，部分农户无法均分土地增值价值，但仍需忍受乡村旅游带来的负面影响，导致其抵触乡村旅游开发；另一方面，拥有优良地块的农户更不愿转为城镇户口而退出土地，客观上限制了户籍制度改革进程及通过集体经营优良地块以惠及更多农户的机会。

（四）户籍制度改革背景下的乡村旅游转型升级

1. 以户籍制度改革下的乡村重建为契机，深挖特色，强化乡村意象

乡村意象是乡村旅游发展的核心资源，是乡村旅游产品区别于其他旅游产品的根本特征。乡村意象是一个完整的立体结构体系，包括乡村聚落、建筑空间、社会状态和文化风俗。在户籍制度改革过程中，大量的农村人口转变为城镇人口，农村实现集中居住，改变了原有的居住格局，这本身对乡村意象就具有一定的破坏性。再加上道路施工、供电供水等基础设施建设，农村的风貌发生翻天覆地的变化，导致很多依靠乡村旅游发展起来的地区越来越不像乡村，破坏了乡村旅游发展的根基。

因此在城乡统筹发展中，我们应改变民居的风格设计，深挖地方文化特色，突出乡村主题，在实现设施现代化和生活小康化的同时，尽量保留和强化乡村意象。重庆市在城乡统筹过程中注重保护和营造乡村意象，统一规划设计，由政府出资将农民房屋

统一改造成“巴渝新村”风格，实现了对乡村意象的保护和再造。

2. 以户籍制度改革推动农业产业化，优化旅游产品结构

目前，国内大部分乡村旅游产品仍停留在农家乐阶段，仅仅具备简单的观光、餐饮及娱乐功能，这与乡村旅游经营主体“散、小、弱”有直接关系。户籍制度改革为农民退出耕地建立了有效机制，可促进大规模农业产业化生产，提高乡村旅游产品生产规模。重庆市永川区在统筹城乡发展的基础上成立了黄瓜山乡村旅游区，通过土地流转引入规模企业重新整理土地，通过户籍制度改革推动部分重点村落农民以“入股+职工”方式就地转为市民，成功打造了蓝莓园、香草园、万亩梨园等一批大型农业旅游项目，实现了“农业生产+乡村旅游”双丰收。重庆市永川区黄瓜山乡村旅游区农业产业化统计表见表6—11。

表6—11 重庆市永川区黄瓜山乡村旅游区农业产业化统计表

旅游项目	主要内容	开发规模（亩）	产业化规模
梨博园	梨文化博览园	200	小
万亩梨园	赏花、摘果、休闲	12000	大
香草园	农业观光、盆景销售、花卉深加工	1219	大
杨梅园	杨梅种销、杨梅采摘、休闲旅游	1500	大
竹柳园	花草苗木繁育、特色旅游商品等	600	中
蓝莓园	采摘体验园、观光农业区、生活服务区、蓝莓科技服务中心等	100	小

通过户籍制度改革，优化现有资源配置结构，可以促进土地和资源的科学流转和合理集聚，为城市资金向乡村流动提供必要

条件，为乡村旅游投资规模的持续增大提供支持。户籍制度改革改变现有城乡人员流动机制，扩大乡村企业经营规模，推动农业产业化发展、为吸引更高层次的人才扎根农村提供了良好条件。乡村软硬件条件的改善、企业规模的扩大和待遇的提升、农业产业化特色的强化，都为乡村旅游产品的转型升级和结构优化奠定了基础。

3. 以户籍制度改革推动人的全面发展，提升规划质量，关注游客体验

由于农民收入水平较低，劳动强度大，缺乏培训，乡村旅游的服务质量一直处于低水平。重庆市永川区、江津区等部分区、县在城乡户籍制度改革中，对继续从事旅游业而就地转为市民的乡村居民进行了统一培训，通过培训提高服务质量，提升当地居民的综合素质，推动人的全面发展，满足城镇居民对乡村旅游产品的质量要求。

乡村旅游规划是综合性规划，涉及产品设计、土地整理、形象策划、市场营销等多个方面。目前，我国乡村旅游规划大多照搬城市规划的思路，规划思想与乡村本质存在冲突。户籍制度改革将农民引导向城镇发展，乡村规模缩小，乡村日益走向精致化。在此背景下的乡村规划，更应遵循“道法自然”的基本原则，以“无为而无不为”的思想，在完善乡村水、电、气等基础设施的基础上，以尽量少的人工雕琢实现最自然的乡村意象。同时，在规划过程中应注重创新性，注重游客体验，按照科学、有序、合理原则布局旅游产品，实现乡村旅游的可持续发展。

4. 以户籍制度改革后乡村产业结构重构为突破，合理集聚，实现规模经营

随着我国经济结构转型的深入推进，劳动密集型产业加速向农村地区转移。同时，乡村旅游业的蓬勃发展也需要大量工商业用地。现有户籍制度客观上限制了城乡经济互动，使得产业升级

所需要的人力、财力、土地等资源不能在城乡之间自由流动，产业培育相对困难重重，限制了农村地区的产业结构转型升级。打破现有户籍制度中的限制条件，鼓励城乡经济协调互动，是我国农村地区产业升级的现实需要。

乡村旅游产品的开发不宜过于分散，应根据地区特色统筹安排，通过打造特色支柱产业，发挥区域联动和规模经营优势，实现城郊乡村旅游的可持续发展。如重庆市在旅游开发中提倡的“大项目、大投入、大营销”战略，对指导乡村旅游发展起到了积极作用。重庆市永川区以此为突破口，将黄瓜山全线的乡村旅游资源进行整合，成立了黄瓜山乡村旅游管理委员会，集中力量打造了来龙湖度假小镇、蓝莓园、桃花源、万亩梨园等乡村旅游项目，对黄瓜山乡村旅游开发起到了促进作用，黄瓜山村也因此成功入选“全国生态文化村”。

户籍制度改革是我国目前仍在继续探索的改革之一，户籍制度改革影响下的乡村旅游发展研究成果鲜见。户籍制度改革对乡村旅游的影响主要体现在乡村旅游经营所依赖的土地、人员、资金等关键要素上。随着我国乡村的现代化发展，城镇居民数量快速增长，农村人口数量日益减少，乡村村落出现精致化趋势，同时面对游客日益增长的乡村旅游产品需求，乡村旅游迫切需要转型升级。在户籍制度改革和统筹城乡发展的大背景下，突出土地规模化经营，提高乡村旅游产业化程度，促进城乡人员、经济、信息积极有序地互动，是乡村亚旅游目的地转型升级的关键所在。

四、构建乡村旅游功能区，实现乡村亚旅游目的地转型升级

（一）构建乡村旅游功能区的必要性

1. 有利于乡村旅游的升级规划

我国乡村旅游的发展在经历了农家乐自主经营阶段和乡村休

闲规模化经营阶段后，逐步迈入乡村度假产业化经营阶段。这是由游客日益增长的旅游需求、不断提升的城市生活压力及土地集约化发展等因素共同决定的。乡村旅游的可持续发展除了得益于国家现有政策的大力支持，还取决于科学合理的旅游规划与策划。其中，旅游功能区的合理构建是保证乡村度假差异化发展及乡村产业升级的关键。如果说国家政策扶持是乡村旅游地摆脱亚旅游目的地的历史机遇，那么旅游功能区的构建则是乡村旅游地成功升级和转型的关键。

2. 有利于提升乡村旅游市场形象

近年来，为打造旅游亮点，提高城市知名度，塑造旅游新形象，实现产业升级，海南、成都、青岛等旅游热点城市逐步重视对城市、乡村、滨海等旅游功能区的构建。2009 年，三亚提出本地休闲观光农业在总体上要形成“东西两翼蝶形伸展、中部纵向点片镶嵌”的发展格局，围绕东部、中部和西部三大乡村旅游功能区的开发，依次打造“亲近三亚之旅”“浪漫天涯的魅力”“将美丽进行到底”三大特色乡村旅游品牌。2011 年，成都成华区以“田园城市”为蓝图划分了成都东区数字音乐公园、北湖熊猫国际旅游休闲区等六大城市主题旅游功能区。成都、三亚等知名旅游目的地从发展城市（乡村）旅游角度对城市（乡村）旅游功能区进行了划定，并基于此提出了战略性的旅游发展规划。在这样的时代背景下，旅游功能区的划分逐渐受到各大旅游城市及旅游规划界的重视。

可见，乡村旅游功能区的构建不仅是旅游目的地为发展乡村旅游而提出的概念性方案，而且是促进当地农业产业化发展、增加当地居民收入、提高居民幸福度的前瞻性构想。乡村旅游功能区的构建将形成产业集聚效应，从本质上提升乡村旅游地的形象地位。

（二）乡村旅游功能区的构建策略

乡村旅游的发展在资金、技术、地理位置和人才资源等方面

相对滞后于城市旅游。因此，相对弱势的乡村旅游要实现从农家乐时代到乡村度假时代的跨越，首先必须注重打造科学合理的乡村旅游功能区，这样才能吸引外来资金和现代技术，才能引进相关领域专业人才，才能通过整合旅游资源，形成“乡村风貌+城市特色+新型产业”的现代乡村旅游新格局。

乡村旅游功能区示意图如图 6−9 所示。

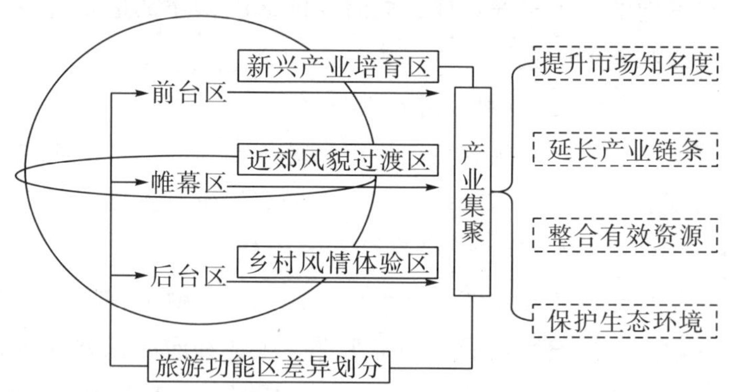

图 6−9　乡村旅游功能区示意图

笔者认为，乡村旅游功能区的构建应注重对其内部边界区的划分，同时要重视各区域之间的关联和差异。基于边缘效应的性质和特点，结合“前台、后台、帷幕”理论，乡村旅游功能区可大致划分为乡村风情体验区、近郊风貌过渡区及新兴产业培育区。

1. 后台区——乡村风情体验区

乡村旅游发展不是完全更替的过程，而是采取“取其精华，去其糟粕”的方法，保留前一发展阶段的精髓，同时融入新的发展理念，以延续和提升乡村旅游的内涵，达到不断涌现新亮点、扩大客源市场、提升市场形象的目的。乡村风情体验区在这样一种大环境下，以展示原生态的乡村风貌为主，保留农家乐时期的精华与特色，满足游客对大自然的期待和向往。本区域应以乡村观光和农家体验为主线，在开发过程中尽量保持田园景色和乡村生活的原真性。建议在本区域开展田园观光、生态养殖、农家美食、水车踩踏、土特产经营等旅游活动。在开展乡村风情游的同时，还可通过休闲观光活动提高游客对自然生态环境的保护意识。

2. 帷幕区——近郊风貌过渡区

近郊风貌过渡区是乡村特色与城市文明的交界带，负责对游客情绪的培养，主要展现新农村建设和农村生活新风貌，具备餐饮、住宿、游览、购物等功能。本区域可开展季节果品采摘、新农村观光、乡村节庆表演、乡村休闲度假等旅游活动。本区域是三个区域中游客量较大、停留时间相对较长的区域，起到了旅游集散的作用。同时，本区域还是增加农民额外收入的重要功能区，也是外界了解乡村文化的符号标识区。

3. 前台区——新兴产业培育区

新兴产业培育区将乡村新风貌和城市新技术融为一体，与前两个区域有着本质区别。本区域应以培养新型产业、引进科学技术、开辟创收途径、拓展旅游空间为主要功能，重在吸引有实力的投资商，通过土地集约化，为农村土地转化成资本提供平台。随着现代企业的加入及管理模式的变更，传统生产方式将彻底改变，土地资源的规模化经营将使生产效率迅速提高，农民将从“面朝黄土背朝天”的农耕生活模式逐渐过渡到“与科技相伴”的现代工作模式，当地人均收入和受教育水平也将随着本功能区的发展而提升。

本区域是乡村旅游的“窗口形象区”，主要以现代科技发展和农民生活转变为切入点，向外界展示当地居民生活环境、生活质量及工作方式的变化。通过资源整合，本区域可以开展现代农作物培育、有机蔬菜观光、新型农产品展示、无土蔬果栽培等与新兴技术相关的旅游活动，是依托旅游、具有教育意义的示范性展示区。

各乡村旅游功能区不仅有地理位置上的区别，还有功能性质

上的差异。三个区域既可相互独立，又可部分重合，相互映衬，形成有机整体。乡村旅游开发是否成功虽不能说完全取决于旅游功能区的合理划分，但在某种程度上，科学可行的旅游功能区划分将对指导旅游地有效整合旅游资源、提升旅游地市场形象、改变乡村旅游亚旅游目的地地位具有建设性意义。

第二节　城市亚旅游目的地的转型升级

一、亚旅游目的地城市休闲产品体系构建

人们休闲需求的变化性和多样性使城市休闲空间在设计和布局方面面临着新的机遇和挑战，休闲产业也逐渐成为我国大部分城市经济增长的重要支撑。休闲主体（人）与休闲空间、休闲产业链之间的关系是错综复杂的，特别是在城市化日益加快、城市人居系统越来越复杂的今天。掌握城市居民行为特征及其对应的城市休闲空间布局规律，是解决城市问题的一个重要途径。如何了解休闲主体的需求，设计合理科学的城市休闲空间，促进城市产业链的健康发展，正在成为城市规划界和旅游界关注的焦点。

（一）休闲与休闲行为的定义

1. 休闲的定义

每一种文化都创造休闲的概念，也都不断对这一概念做出新的界定。我们所说的休闲无论在中国还是在西方国家都有着深厚的历史渊源。比如，对于古希腊人来说，工作并不是生活的目的，而是享受生活的手段。皮尔斯（Pierce，1980）认为休闲是自愿性而非强迫性的活动，休闲的目的并不在于维持生计，而在于获得真正的快乐。此定义揭示了休闲与工作的本质区别，强调休闲的自愿性和愉悦性。

我国的历史文化博大精深，几千年前的中国圣贤对“休闲”二字就有极精辟的阐释：“‘休’，人倚木而休，强调人与自然的和谐；‘闲’，娴静，思想的纯洁与安宁。”词意的组合表明了休闲所特有的文化内涵和价值意义。由此可知，休闲应该是一个人在工作时间之外所安排的一切放松身心的活动。真正的休闲是高度自由选择的活动，具有很强的自主性，既包括积极的休闲，也涵盖消极的休闲。

2. 休闲行为的定义

现代意义的休闲行为是指为在工作、学习之余享受轻松、休闲生活而进行的一系列活动。现代人对闲暇、休闲的理解更趋向于有自由和安逸的空间，在其中可以休息和消遣，自由地发挥创造力。休闲行为是最普遍也是最容易融入艺术化生活的方式，休闲行为存在于人们的日常生活当中，是持续劳动后的需要。

（二）亚旅游目的地城市居民的休闲行为特征

在休闲特征方面，城市居民对休闲活动的需求主要表现在为了缓解工作疲劳、融洽家庭关系、联系亲友感情而进行的日常短时间的休闲游憩活动。其特征是周期性、时间短、频度高，因此要求休闲项目突出近便性、多元性、舒适性、主题性、独特性等。

在休闲特征方面表现为在周末等较长闲暇时间内，城市居民大多偏好于寻求乡野休闲空间，通过乡村休闲、主题休闲活动达到放松身心的目的。城市居民休闲活动的独特性极大地促进了大城市城郊休闲度假带的形成，使城市的经济辐射力能够抵达城市郊县乡村①。

1. 近便性

城市居民的闲暇时间比较集中，即大多是在 8 小时工作外的

① 杨振之，周坤. 也谈休闲城市与城市休闲［J］. 旅游学刊，2008，12（23）：55.

时间，除非周末或者是法定节假日，否则他们并没有长时间在外休闲的时间条件。这使得他们趋向选择离自己生活空间近、交通便利的地方。

由于城市居民对休闲近便性的需求，人们在购置住宅时也会慎重地考虑整个社区的休闲空间布局和类型，这必定会间接导致竞争激烈的房地产开发商挖空心思地对社区休闲环境进行打造和创新。

2. 多元性

烦琐的日常工作和规律的生活方式，使得城市居民对自己可选择的休闲活动要求越来越高，他们更向往远离工作圈子的休闲生活。随着经济的发展和人民生活水平的提高，人们有能力参与更为多样化的休闲活动。因此，随着居民的休闲、娱乐活动越来越丰富多彩，休闲空间也随着居民需求的多元化而变化无穷。

3. 舒适性

居民在进行休闲活动时首先看重休闲空间的舒适性。这应该是休闲空间的一个硬性条件。居民对休闲空间的舒适性要求主要是从环境方面考虑的，即要求休闲空间在能提供一定休闲功能的同时，还必须从视觉、触觉等感官上给居民带来美的享受。

（三）亚旅游目的地城市休闲行为需求分析

1. 主题性和个性化

近便性和舒适性是为了满足居民休闲的基本需要，而主题性和个性化则是居民对城市休闲空间所提出的更高层次的要求。由于城市居民的休闲需求越来越趋向个性化和主题化，城市休闲空间的类型与日俱增，如城市“80 后”“90 后”成为城市休闲的主流，他们偏好新潮、时尚和娱乐性极强的地方，如酒吧、KTV 等。

城市居民更向往日常生活中不能体验到的休闲元素，主题化和个性化的休闲场所势必成为吸引这类群体的一大亮点。

2. 寻求乡野休闲空间

由于城市居民生活在高楼大厦里，在城市快节奏的紧张生活中，各种压力使亚健康人群不断增加，人们对“健康、愉快、长寿”的期望也越来越高。科学的休闲被提到一个空前的高度，健康的休闲方式已经成为一种生活时尚。相比之下，城市的休闲空间和条件均不足以满足人们期待自然、向往绿色的需求，城市居民亲近自然、感受自然的愿望也越加强烈。远离城市的乡野休闲地作为集养生和修心于一体的户外休闲空间越来越受到城市居民的偏爱。

（四）成都市温江区休闲产品体系的构建

1. 温江区概况

温江区经济实力雄厚。从 1996 年起，温江经济综合评价连续四年位居全省县级前十强。2003 年温江位列全国百强县第 89 位。2016 年温江区实现地区生产总值 426 亿元，户籍人均 GDP 达到 10.2 万元，县级经济综合排名位列四川省第五。

温江区农业生产条件优越，土地肥沃，地形平坦，农业生产历史悠久，历来是四川省重要的商品粮油生产基地，素有“金温江”的称誉，具备打造近郊休闲产业的条件。但是，温江区内开发成功的休闲产品较少，并且大部分产品要素结构不全、形态不完整，与成都周边其他近郊休闲旅游地相比，温江旅游休闲产业发展水平还较低。

2. 基于游客行为特征的产品体系构建

依据温江区旅游产品寄生空间背景差异，温江区旅游产品可以分为乡村旅游和城镇旅游两类。依据旅游产品的市场特点，可以将温江区的旅游产品分为休闲旅游、商务会展旅游、度假旅游、观光旅游、主题活动旅游、节事旅游及其他专项旅游。依据产品形态和对旅游市场的作用和影响，又可将其分为常态型旅游

产品和激活型旅游产品。常态型旅游产品的特点是吸引物固定、活动内容和项目固定、设施固定。激活型旅游产品的特点是设施不固定、主题不固定、活动内容不固定，时间集中。

旅游产品体系框架图如图 6—10 所示。

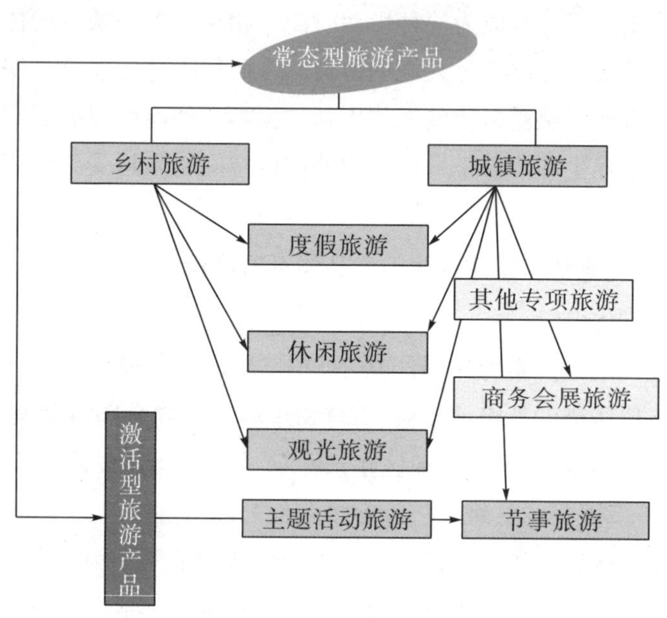

图 6—10　旅游产品体系框架图

温江区旅游产品体系的框架是基于游客行为特征设计的。从休闲需求的角度看，温江区主要针对的客源市场是成都范围的休闲客源，这类市场的基本特征是向往与日常生活完全不同的休闲环境，特别是周末的近郊旅游，是这类群体频率较高的休闲活动。根据温江区的资源情况和主流客源的行为特征，该旅游产品的体系是在休闲主体需求的连续性基础上构建的，围绕休闲旅游以及其资源基础，延伸和细分出乡村旅游、商务会展旅游等常态型旅游产品体系和节事旅游等激活型旅游产品体系，增强了休闲主体在休闲产业链条中的自由选择性和体验性，对优化整个社区的休闲产业链做好了铺垫。

二、亚旅游目的地城市旅游公共服务体系优化研究

亚旅游目的地城市是重要的旅游目的地形态，在旅游产业发展中扮演着桥接角色，构成了满足国内游客旅游需求的主体部分。相对于主流旅游目的地城市，亚旅游目的地城市的旅游公共服务体系具有独特性，相关问题值得深入研究。

（一）亚旅游目的地城市与旅游公共服务体系

1. 亚旅游目的地城市

作为本节研究对象的亚旅游目的地城市，即城市型亚旅游目的地，通常为具有一定旅游吸引物的区域性中小城市①，周边200公里内一般拥有知名度高、产业集聚力强、旅游集散发达的大型城市，游客构成以地区性国内游客为主。亚旅游目的地城市在发展上依赖于主体城市，旅游吸引物在国内外没有明显优势，在游客传输上受益于周边知名度更高的旅游目的地。

在客源分配上，亚旅游目的地城市作为主流旅游目的地城市的重要支撑，承接主流旅游目的地城市的分流游客，同时也可作为主流旅游目的地城市的过境地，为主流旅游目的地城市输送游客。旅游客源地的部分游客也将亚旅游目的地城市作为目的地。

主流旅游目的地城市与亚旅游目的地城市关系图如图 6－11所示。

① 通常的中小城市是指市区常住人口在100万以下的城市。

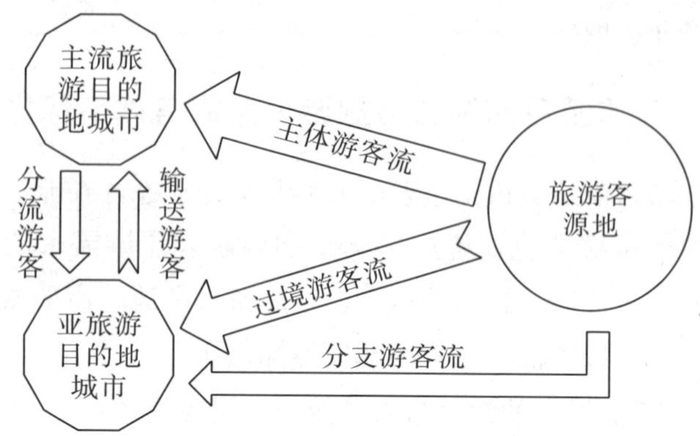

图 6—11 主流旅游目的地城市与亚旅游目的地城市关系图

2. 旅游公共服务体系

旅游公共服务研究是近年来旅游研究的热点之一。Daniel Albalate 等（2011）站在供需角度，对旅游业和城市公共交通之间的平衡关系进行了探索。Scott McCabe 等（2012）采用“基于剧情的设计”（scenario-based design）方法，以利益相关者为切入点，对目的地（公共）服务体系的建设和发展进行了研究。Ritchie 等（2002）以加拿大亚伯达为例，就旅游目的地营销系统中的旅游信息提供内容、方式与体系进行研究①。Haven-Tang C 等（2008）以英国威尔士为例研究旅游劳动力市场，强调公共服务部门应当引导旅游雇佣者提高对服务技能的要求，最终将战略性提升旅游地整体服务水平②。

相比西方学者从微观切入研究旅游公共服务，我国学者更多从宏观方面研究旅游公共体系建设问题。程道品等（2011）采用定量研究方法，以桂林国家旅游综合改革试验区为例，从旅游公

① Ritchie R J B, Ritchie J R B. A framework for anindustry supported destination marketing informationsystem [J]. Tourism Management, 2002, 23 (5): 439—454.

② Haven T C, Jones E. Labour market and skills needsof the tourism and related sectors in Wales [J]. International Journal of Tourism Research, 2008, 10 (4): 353—363.

共服务体系与旅游目的地满意度的结构关系切入研究[①]。李爽、黄福才（2012）从支持系统、需求系统、供给系统三个方面解构了旅游公共服务体系[②]。吴必虎（2012）从泛旅游角度出发，指出泛旅游发展需要旅游服务体系支持[③]。王京传、李天元（2012）引入服务管理中的“服务接触”概念，从服务接触视角阐述了目的地建设旅游公共服务体系的方法[④]。王信章（2012）认为旅游公共服务包括旅游公共交通服务、旅游公共信息服务、旅游公共安全服务、旅游公共环境服务、旅游公共救助服务五方面内容[⑤]。杜军平（2012）提出建设以移动通信和物联网为特色的智能旅游公共服务平台[⑥]。李晓（2012）基于游客满意度视角对苏州旅游公共服务体系构建进行了实证研究[⑦]。杨志义（2012）则介绍了台湾作为旅游目的地建设旅游公共体系的经验[⑧]。

国内学者从实用角度研究旅游公共服务体系的构建问题，对旅游公共服务体系的基础研究并不深入。笔者认为，旅游公共服务体系即为游客提供信息、交通、安全、救援等基本服务和满足游客餐饮、住宿、游览等游览需要的，当地旅游业发展所必需的基础性动态平衡系统。

---

① 程道品，程瑾鹤，肖婷婷．旅游公共服务体系与旅游目的地满意度的结构关系研究———以桂林国家旅游综合改革试验区为例［J］．人文地理，2011（5）：111－116.

② 李爽，黄福才．城市旅游公共服务体系建设之系统思考［J］．旅游学刊，2012，27（1）：7－9.

③ 吴必虎．泛旅游需要更完善的旅游公共服务体系支持［J］．旅游学刊，2012，27（3）：3－4.

④ 王京传，李天元．服务接触：目的地建设旅游公共服务体系的新视角［J］．旅游学刊，2012，27（3）：7－9.

⑤ 王信章．旅游公共服务体系与旅游目的地建设［J］．旅游学刊，2012，27（1）：6－7.

⑥ 杜军平．建设以移动通信和物联网为特色的智能旅游公共服务平台［J］．旅游学刊，2012，27（9）：8.

⑦ 李晓．苏州旅游公共服务体系构建实证研究——基于游客满意度视角［J］．江苏商论，2012（8）：118－120.

⑧ 杨志义．台湾旅游目的地之公共服务建设［J］．旅游学刊，2012，27（1）：9－10.

（二）亚旅游目的地城市的主要特征

1. 城市形象认知度低

亚旅游目的地城市属于区域性中小城市，其城市形象定位要么不明确，要么缺乏新意，在激烈的城市竞争中处于相对劣势。除了部分缺乏知名旅游资源和历史积淀的城市，有些亚旅游目的地城市拥有一项或几项国家级甚至世界级旅游资源，但公众仍然对其城市形象认知不清，甚至只知道旅游景区的名字而不识旅游城市。重庆市永川区地处成渝城市带，距离重庆主城区 60 公里，距离世界文化遗产大足石刻 20 公里，是典型的亚旅游目的地城市，境内拥有乐和乐都主题公园、茶山竹海等旅游资源。调查显示，有超过三成（33.8%）的重庆地区以外游客先了解重庆乐和乐都主题公园而后知道永川城市名称，其中了解永川城市形象口号的更少（7.1%）[①]。

2. 游客来源以国内游客、区域游客、短途游客为主

由于亚旅游目的地城市的知名度较低，游客来源以国内游客、区域游客及短途游客为主。如表 6—12 所示，永川区 2013 年国内游客中重庆游客居多，重庆（60%）及重庆周边地区（27.1%）游客占总数的 87.1%。

表 6—12　永川区国内旅游者客源地分布表

序号	省份	占总游客量百分比（%）		增减幅度（%）	增或减
		2009 年	2013 年		
1	重庆	68.8	60.0	8.8	↓
2	重庆周边地区	24.3	27.1	2.8	↑
3	国内其他地区	6.9	12.9	6.0	↑

注：重庆周边地区包括四川、贵州、云南、湖北、湖南、甘肃、陕西。

① 本书数据采自重庆市永川区旅游局、重庆文理学院《重庆市永川区 2013 年国内游客抽样调查分析报告》，调研总计发放问卷 5000 份，回收问卷 4269 份，有效问卷 3861 份。

从调查数据中也可以看出，随着亚旅游目的地城市的发展，游客结构也在发生变化，主要体现为周边及远程游客增加，四年间国内其他地区游客占比增加 6%，重庆本地游客占比降低 8.8%，但变化幅度不大，游客结构的基本特征并未改变。

3. 游客消费结构单一

亚旅游目的地城市的游客消费结构单一，以食、游、旅等旅游必需品为主，休闲娱乐、购物等消费较少，游客停留时间短。调查显示，2013 年永川区游客人均游览和餐饮费用占总消费额的 44.3%，而过夜游客仅占调查量的 17.0%，购物和娱乐消费明显偏低（13.5%）。

永川区国内旅游者消费结构分析表见表 6－13。

表 6－13　永川区国内旅游者消费结构分析表

人均及百分比	消费内容							总计
	参观游览	餐饮	住宿	交通	购物	娱乐	其他	
人均（元）	133.7	116.0	95.9	81.3	61.0	44.4	31.2	563.5
百分比（%）	23.7	20.6	17.0	14.4	10.8	7.9	5.6	100.0

4. 资源禀赋相对不高

亚旅游目的地城市首先应具有一定的旅游吸引物，具有吸引游客消费的资源基础。亚旅游目的地城市的资源禀赋相对不高，体现为资源的丰富度、资源级别、开发程度等方面不足。旅游资源的分布具有地域性特征，在某一类旅游资源富集度高的地区，知名度低的目的地很容易被知名度高者遮蔽，这就是资源禀赋的相对性。

5. 旅游业发展迅速

亚旅游目的地城市对旅游业较为重视，能够积极开发旅游项目，旅游业的发展速度较快。同时，旅游业在当地具有较高的认

可度，为城市带来了人气、资本、信息，并能创造大量就业机会。旅游业虽然不是亚旅游目的地的城市战略性支柱产业，但仍能够为当地经济发展注入活力，因此旅游业成为亚旅游目的地城市大力发展的产业。

6. 旅游基础设施不足

亚旅游目的地城市的建设整体偏弱，在此基础上的旅游基础设施建设也面临诸多问题，如景区停车场建设、旅游信息系统建设、景区厕所及垃圾处理系统建设等较差。

旅游者对永川区景点接待设施评价统计表见表 6−14。

表 6−14 旅游者对永川区景点接待设施评价统计表

年份	百分比（%）				
	好	比较好	中	比较差	差
2013 年	16.4	43.8	33.1	5.1	1.6
2009 年	11.8	40.9	36.6	8.4	2.3

根据调查统计数据，2013 年来永川的游客认为旅游接待设施好或比较好的占总数的 60.2%，仍有相当数量的游客（39.8%）对设施评价不高，体现了永川亚旅游目的地城市建设中景区基础设施薄弱的特点。这一数据相比四年前有所改变，说明随着城市建设发展，游客对接待设施的满意度有所提高。

（三）亚旅游目的地城市旅游公共服务体系的构成与特点

1. 亚旅游目的地城市旅游公共服务体系的构成

为理清亚旅游目的地城市旅游公共服务体系的构成，首先应认识公共产品的性质。对于公共产品，学者的认知多有不同，如萨缪尔森（Samuelson，1954）的纯粹公共产品理论和布坎南（Buchanan，1965）的准公共产品理论，至今未有定论。笔者认为，旅游公共服务更具有准公共产品的属性，即消费的非排他性或非竞争性。基于此，旅游公共服务体系可细分为五大子系统，如图 6−12 所示。

也有学者将旅游公共服务体系分成政府主导和市场主导两大类（连漪等，2009；程道品等，2011），此种分类方法多有范围与功能上的重合，且未在我国现实语境中考量“主导”的含义。本书将旅游公共服务体系中的实体系统分为政府主体、市场主体和多元主体三大类，政府主体的旅游公共服务体系主要由旅游公共安全救助系统和旅游公共事业管理系统构成。旅游公共信息服务系统和旅游公共交通运输系统则存在多个主体，如旅游公共信息服务系统既有由政府和行业协会主办的公益性质的旅游信息系统，也有诸多企业性质的旅游资讯系统、旅游产品营销系统等，其中谁为主导难以区分。本书所指旅游公共交通运输系统则是由政府主导投资的公共交通（如旅游机场等）、政府和企业共同投资的公共交通（如旅游公路、内河运输等）、企业主导投资的公共交通（如出租车、观光车等）以及景区内部的个人特色运输系统（如滑竿、人力车、畜力车、骑马等）组成。政府主导建设的交通设施大多并非专为旅游而建，多为基础服务，很难发挥主导作用。在亚旅游目的地城市这一现象更为明显。

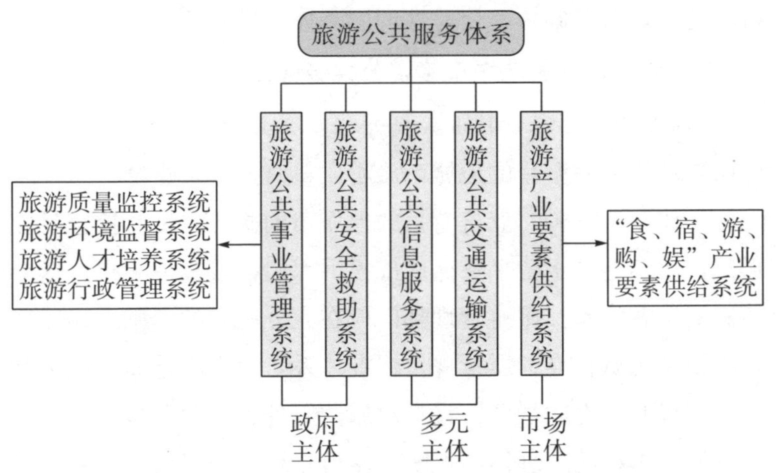

图 6－12　亚旅游目的地城市旅游公共服务体系的构成

2. 亚旅游目的地城市旅游公共服务体系的特点

(1) 旅游公共服务体系与城市居民公共服务体系的融合性更高。

相比主流旅游目的地城市较多的独立的旅游服务体系，亚旅游目的地城市的公共服务体系更多面向当地居民与外来游客的共同使用需求，如基于游客与居民共用的旅游交通系统、面向大众的图书馆与互联网旅游公共信息查询系统等。

(2) 旅游公共服务体系的建设更趋实用性。

由于财力限制，加之资源使用效率问题，亚旅游目的地城市大规模兴建旅游公共服务体系并不实际。亚旅游目的地城市更多关注旅游公共服务体系中的核心部分，如旅游公共交通运输系统、旅游公共接待系统的建设。而对旅游公共服务的边缘部分（或为城市建设者的主观意见），如旅游公共信息服务系统、旅游公共安全救助系统等的建设动力明显不足。

(3) 旅游公共服务仍以市场供给为主，政府资金投入缺口较大。

这与亚旅游目的地城市的财政状况、对旅游业的关注程度等有关。市场主体下的旅游公共服务体系会更多关注能够产生经济效益的部分，对基础性、公益性的服务体系投入较少。

（四）亚旅游目的地城市旅游公共服务体系的优化

1. 加大投入，稳步推进，提升旅游公共管理能力

(1) 加快亚旅游目的地城市旅游质量监控体系建设。

由于体制不完善，亚旅游目的地城市的旅游质量监控容易流于形式，游客遇到不公平待遇后或投诉无门，或投诉无果，这会直接影响游客体验。旅游管理部门应在充分调研的基础上，完善符合本地区旅游特点的质量评价标准体系，设立质量监督电话和投诉反馈机制，选聘社会监督员对旅游服务进行动态监督等。

(2) 改革行政管理体制，赋予旅游管理部门实权。

相对主流旅游目的地城市如北京、三亚等对旅游管理部门的

积极赋权，亚旅游目的地城市中旅游行政的权力缺位表现得尤为突出。2013年颁布的《中华人民共和国旅游法》为旅游行政管理体制的改革奠定了法律基础。改革旅游管理体制，需要赋予旅游管理机构一定处罚权，如对违反旅游业相关规定的旅游企业实行停业、停工、停产处罚，对违反操作规程的个人处以罚款等。

（3）加大对旅游环境破坏行为的处罚力度。

亚旅游目的地城市大多处于城市建设的快速发展期，旅游项目也处于引进期或成长期，建设工程量大，旅游环境保护意识不足，当地居民、企业因生活生产而破坏旅游环境的事情时有发生。政府应明确态度，严格遵守相关法律，一方面加强宣传，完善监督，另一方面加大对破坏旅游环境、旅游资源违法行为的惩处力度。

2. *多元投资，推动旅游交通和信息服务体系建设*

（1）尽快建立健全权威、有效、及时的旅游公共信息服务系统。

目前，大部分亚旅游目的地城市还未建立起统一的旅游信息系统，甚至很多旅游管理部门的官方网站仍处于空白或者荒废状态。如永川区旅游局官方网站2013年才开始正式运营，之前一直处于关闭状态。调查显示，游客了解城市旅游信息的最主要途径是网络（31.1%），这一功能的缺失将严重影响亚旅游目的地城市的信息传达。尽快以政府为主体，建立健全公益性旅游信息系统，是亚旅游目的地城市旅游公共信息服务体系建设的关键。

（2）积极引导社会资本建设大旅游信息系统。

亚旅游目的地城市宣传要注重多途径、多渠道、多层次，不断扩大城市知名度。旅游信息量大、种类多，游客需求各不相同，以政府一己之力建设能够满足所有游客多样化需求的旅游信息系统显然不现实。政府部门应鼓励社会资本以独资经营、合资合作、委托授权等形式建立涵盖预定、销售、宣传等的旅游信息

服务体系，如督促旅游企业网站建设、优化企业间旅游网站互联、建立旅游企业联合宣传点等。此外，还应根据游客所偏好的信息获取途径，有针对性地进行旅游宣传和系统建设，如采用网络、电视、楼宇广告、微信、微博、广播等渠道。

（3）打破垄断，活化机制，多元主体建设旅游公共交通运输体系。

在交通运输领域引入社会资本是国家未来交通建设的重要方向，目前已经成熟的高速公路建设模式就是很好的例子。旅游公共交通既具有极强的社区服务功能，也具有旅游运输功能，对于财政状况一般的亚旅游目的地城市，引入社会资本打造立体化的旅游公共交通运输体系，能够加快本地旅游产业的转型升级。

3. 鼓励竞争，加强监管，优化旅游产业供给服务能力

（1）加强规划指导，完善游客和居民共用的旅游公共设施体系。

由于游客量有限，旅游公共设施利用率不足是多数亚旅游目的地城市遇到的问题，打击了政府和企业投资旅游公共设施的信心。这一问题在规划开发时就应被政府和规划机构所认识，如在设施选址时保障居民和游客可以共用，设计设施功能时为当地居民的使用预留空间等。

（2）优化旅游产品结构，满足多层次的旅游需求。

多样化需求是未来我国居民旅游市场的基本趋势。亚旅游目的地城市的旅游开发较晚，旅游产品丰度不足，观光产品仍然占据旅游产品的绝对主体地位，不能满足群众日益高涨的多样化的旅游需求。提高旅游产业的公共服务能力，需要亚旅游目的地城市在引进旅游项目时不断优化结构，积极打造以度假、养生、休闲、观光、娱乐等为主体，结构科学的旅游产品体系，不断完善旅游产业服务大众的功能。此外，还应注意旅游公共设施建设的周期性，做到有序、科学，应考虑旅游产业成长的速度与规模，

科学引进旅游项目，避免盲目求大或重复建设。

建构完善的旅游公共服务体系需要政府与市场的通力合作。亚旅游目的地城市旅游公共服务体系的构成复杂，其子系统的协调运作、系统内部要素的有序流动等问题仍需进一步研究。

三、以休闲旅游业引领城市群转型发展

中央城镇化工作会议（以下简称会议）指出，推进以人为核心的城镇化，把城市群作为未来城镇化的主体形态，是扩大内需和促进产业升级的重要抓手。目前，我国基本建成包括珠三角、长三角、京津冀在内的十余个城市群，正在建设的城市群以中西部地区者居多。会议强调城镇化建设过程中，要坚持生态文明、低碳发展，要传承文化，发展有历史记忆、地域特色、民族特点的美丽城镇。以“产业跨度大、联动效应强”为特点的休闲旅游业将成为城市群转型发展过程中促进大、中、小城市合理分工、功能互补、协同发展的重要方式。

（一）解读城市群转型

城市群的产生和发展是一个自然历史过程，也是城镇化的必然结果。以京津冀城市群为例，其区域之间的经济发展、科技创新、交通架构等都形成了“1+1+1>3”的效应，特别是对周边中小城市的辐射带动效应明显。但在传统城市群建设过程中，不可避免地会出现一些“城市病”，如工业制造对城市生态环境的破坏、城市产业结构比例失衡对产业结构优化升级的影响、城市公共服务体系和基础设施与经济发展不配套等。城市群的转型是城市群发展成熟的标志，也是有效避免城市之间资源浪费和环境破坏的必要手段。如何探寻一条既有利于经济建设，又有利于城市文脉保护和传承的发展之路，是城市群转型面临的首要问题。

城市群转型意味着在大力推动城市之间经济联动发展的同

时，高度重视城市环境建设、文物保护及居民幸福指数，从可持续发展角度对城市群进行统一规划，形成生产结构合理、生活环境宜人、经济增长喜人的区域发展格局。实际上，具有第三产业典型特征的休闲旅游业将在引领城市群转型发展的道路上发挥先导作用。

（二）休闲旅游业引领城市群转型的理论基础

城市群是城市发展的高级阶段，有利于发挥特定区域内产业规模效应和优化区域资源配置。休闲旅游业已成为助推城市群产业调整和升级的新动力。理清城市群休闲旅游业研究的基本理论和现实意义，对解决城市群休闲旅游业发展的相关问题具有指导意义。

1. 配第—克拉克定律（Petty—Clark Law）

配第－克拉克定律得名于英国经济学家威廉·配第（William Petty）和科林·克拉克（Colin Clark）。其核心理论："产业之间的收益差异会推动劳动力由低收入产业向能获得高收入的产业流动。""随着 GNI（人均国民收入）的提高，劳动力首先由第一产业向第二产业转移；当 GNI 进一步提高后，劳动力便由第二产业向第三产业转移。"

配第－克拉克定律揭示了 GNI 与产业结构之间的关系，为城市群产业结构调整指明了方向。作为现代服务业主体之一的休闲旅游业，可以为城市群居民提供舒适的生活环境和丰富的娱乐消遣，同时为城市群劳动力向第三产业转移提供众多机会，从总体上优化区域产业结构。

2. 霍夫曼比例（Hoffman Ratio）

德国经济学家 W. C. 霍夫曼（W. G. Hoffmann）在 20 世纪 30 年代对配第－克拉克定律进行印证。他揭示了各国工业化的相同趋势，指出消费品部门与资本品部门的净产值之比会随着生产力的发展进步而呈递减趋势。

霍夫曼还强调社会文明与科学技术在城市发展中的重要性。他认为二者对社会贡献越大，第三产业成为主导产业的可能性就越高。以对城市环境和行业环境要求较高的休闲旅游业牵头城市群发展，首先能防止城市群走向破坏性建设，其次由于其高回报率和收益率，也较容易吸引新兴技术和高端人才，为城市群转型升级提供良好的生态环境和发展前景。

3. 田园城市构想（Garden City）

英国学者埃比尼泽·霍华德（Ebenezer Howard）在发现工业革命为城市所带来的弊病后，于19世纪80年代就意识到城市群与休闲旅游业的基本问题。他认为适宜生活的环境是从空间形态上形成一组城市群体，并且融生动活泼的城市生活和美丽愉悦的乡村环境为一体的社会城市（sociable cities），即田园城市。霍华德认为城市发展的最终目的是营造和保护适合人类居住的城市环境，这与我国休闲旅游业引导下城市群发展的基本方向一致，也是我国城镇化建设的重要目标。

4. 规模经济理论（Economies of Scale）

亚当·斯密在其经典巨著《国富论》中提到“劳动分工的基础是一定规模的批量生产”。马克思在《资本论》中强调大规模生产是提高劳动生产率的有效途径，并认为社会劳动生产力的发展必须以大规模的生产与协作为前提。

两位学者的规模经济理论观点可应用于城市群旅游产业规模化发展方面。“产业链条长、行业范围广、人才密度大”是休闲旅游业的基本特征，这为城市群提供了巨大的劳动力潜力，不仅有利于解决城市群建设之初的就业问题，减小行业壁垒，还能提高三次产业之间的融合度和关联度。

5. 其他理论

上述理论还衍生出其他与城市发展和产业发展相关的理论，

如产业集聚论、空间规划论、资源配置理论、增长融合论等。这些理论相互融合，为城市群休闲旅游业的发展奠定了理论基础。

（三）休闲旅游业引领城市群转型的意义

1. 促进城市产业链条的互动与衔接

相比传统旅游业，休闲旅游业涉及范围更广，对手工业、渔业、种植业甚至工业等依赖性较强。随着人们休闲旅游活动的深度开展，休闲旅游业可以渗透到城市的各个领域。因此，在休闲旅游业引领下建设城市群，有利于城市区域间各行各业的合作，为产业联动提供平台和契机。此外，休闲旅游业作为城市群的先导发展产业还有利于城市形成密集的人流、物流、信息流，使得城市之间产业规模得以扩大、产业链条得以延长，从而形成区域性的产业集聚效应，引导多个行业和领域相互衔接，带动城市经济更快更好地发展。

2. 有利于城市生活环境保护

由于休闲旅游业对旅游资源及生态环境具有较高的依赖性，在对城市群进行统一规划时，必将优先考虑对城市自然生态环境和人文生态环境的保护。城市原有的森林、湖泊、湿地等绿色空间得到合理保留，城市历史文脉随着文物古迹的保护得以延续，有效避免了破坏性建设。其次，休闲旅游活动的开展对基础设施建设有一定要求，将休闲旅游业放在城市建设的重要位置引领城市群公共服务体系建设，有利于保护大自然的青山绿水，创建与环境相适宜的基础设施，统一规划公共服务体系形象，为城市居民和游客提供更为舒适的生活环境。

3. 推动城市间交通体系的升级改造

完善的交通系统是促进休闲旅游业发展的重要环节，也是加快城市群区域一体化发展的必要条件。休闲旅游业的发展，不仅能促进当地交通设施的改善，还能加强城市之间外部交通环境的连接。随着人们对休闲生活方式的需求多元化，城市之间将形成特点各异的旅游线路和休闲产品。一方面将推动城际各种交通工具的增设及交通路线的规划，形成综合运输体系；另一方面将促进城际交通体系的科学规划布局，构建出四通八达的交通运输网络，为城市群经济发展提供优越的基础环境。

4. 引导产业结构的合理调整和升级

产业结构的优化是城市群转型面临的主要难题之一，区域内产业集聚和规模化发展在带来巨大经济效益的同时也有可能造成产业结构比例失衡，导致资源浪费或资源受损。将休闲旅游业作为主线引领城市群发展的优势在于，休闲旅游业具备资源保护的特性，能在城市群建设初期正确引导城市产业结构的调整，借助第三产业保护性地发展制造业等工业，避免过度依赖第二产业而造成资源损耗和破坏。提高以休闲旅游业为主要组成部分的第三产业在城市群建设发展中的地位，有利于从“绿色、低碳、循环”角度平衡一、二、三产业比重，优化区域产业结构。

5. 有助于城市区域形象的构建

城市群的成功转型不只是多个城市之间城市功能的简单叠加，也不仅仅是从地理区转变为经济区的单一过程。从长远发展看，城市群的转型升级除了获取经济效益和环境效益，还需要鲜明的城市形象支撑，以便对内引导各个产业健康有序发展，对外吸引投资商，提高整个城市经济圈的产业竞争力。休闲旅游业的健康形象有助于城市群树立鲜明、独特的城市旅游形象，建设“生态、环保、可持续”的发展环境，突显城市的人文气息和历史脉络，让外界了解城市群的发展方向和未来潜力。

城市群在建设过程中如果趋向依赖第二产业，未来就有可能面临世界各国经济和社会发展中经历过或正在经历的资源枯竭问题。休闲旅游业引领下的城市群转型是突破城市群发展瓶颈的关键，将其作为先导产业引导城市其他产业发展和优化城市功能已

逐渐得到学术界和规划界的认可。但如何引领才能推动城市区域协调发展，促进产业升级，最大化规避或削弱发展过程中对资源环境的破坏，仍需政府部门的重视和参与，仍需不断探索和实践。

（四）休闲旅游业引领城市群转型的基本策略

以前述理论为基础，结合城市休闲旅游业的发展特征，城市群在建设与升级过程中通过与休闲旅游业“搭台唱戏”，可采取以下策略：

1. 提升和优化城市产业结构

休闲旅游业引领城市群转型基础理论的共同特征之一是强调城市产业结构与社会生产力的关系。简而言之，随着社会生产力的发展，以休闲旅游业为主的第三产业必将处于产业结构的主导地位而引领城市发展，这也是社会历史的必然进程。城市群的建设必将伴随产业结构的调整，而发展休闲旅游业则是实现这一优化过程的最佳方案。

2. 升级和完善公共服务体系

当第三产业处于主导地位时，城市群的公共服务体系将获得前所未有的跨越式发展。休闲旅游业可渗透到城市“食、住、行、游、购、娱”各个领域，作为城市形象窗口，对城市环境卫生、文化服务、社会保障体系等公共服务体系有着更高要求。发展休闲旅游业势必有利于城市之间生态环境、交通物流以及基础设施的全面建设，有利于区域品牌集聚和区域形象构建，对节约社会公共资源和提高公共服务效率有着积极的推动作用，使得公共服务体系能更好地发挥作用，为民服务。

3. 创建和维护生态智慧城市

霍华德的田园城市构想勾勒出以休闲旅游业引领城市群建设发展的宏伟蓝图。休闲旅游业以其“绿色健康”的产业形象和

“关联度高、渗透性强”的产业特征成为城市之间各种信息流、技术流和资源流整合发展的平台，能够引领城市形成“智慧”的产业链条，促进生态城市的有序发展。

案例6－2　山东省东营市垦利区旅游转型升级研究

一、案例背景

东营市是山东省地级市，位于山东省东北部，地处黄河入海口的三角洲地带。东营市是我国第二大油田——胜利油田的起源地，石油开采及冶炼工业一直是东营市的支柱产业。受国家关停小油田、加大环境治理力度、国际油价持续下跌等因素影响，东营市开始谋求新的产业发展方向。垦利区辖区面积达2331平方公里，是东营市面积最大的区县和主要产油区。但随着开采时间延长，老油田资源逐渐枯竭，新油田品质不佳，垦利区经济转型势在必行。本案例分析了垦利区开发旅游业的优势与劣势，就垦利区发展旅游业实现区域经济转型升级提出建议。

二、优势分析

（一）一个唯一：黄河入海口

从国家层面看，黄河为中国母亲河，国家的主动推介极大地提升了黄河入海口的知名度，为垦利区带来大量中远程客流，垦利区可顺势而为，搭乘国家营销的东风，提升区域旅游品牌与知名度。从山东省层面看，“十三五”期间全省旅游发展的空间格局为“两轴两核”，黄河三角洲生态旅游经济区为其中“一核”，在山东省具有突出地位。“十三五”期间，山东省将大力培育十大文化旅游目的地品牌，“黄河入海”为其中之一。国家和山东省重视黄河口的发展，为垦利区带来了巨大的政策优势。当前黄河口自然保护区虽收归东营市管理，但垦利区可充分利用地缘优势谋求全域联动。例如，黄河口为国家自然保护区，景区内严禁

布置餐饮、住宿、交通服务等设施，而紧邻黄河口保护区的垦利区黄河口镇成为重要的旅游配套基地，可带动周边区域发展。

（二）两大条件

1. 交通便捷

垦利区目前海陆空交通要素齐全。从交通距离看，垦利区距离天津、济南等大城市3小时车程，距离大连等沿海城市8小时海程。东营胜利机场位于垦利区永安镇，现已开通东营至北京、重庆、成都等中远程城市航班，有助于垦利区开发中远程游客市场。京沪高铁二线规划建设进一步将垦利区纳入京津冀、长三角城市群周末休闲圈。

2. 地域资源

垦利区境内的黄河三角洲每年以2～3平方公里的速度扩展，垦利区因此成为中国国土版图扩展最快的地方。目前垦利区面积在山东省区县（县级市）排名第三，仅次于平度市、沂水县。广阔的地域面积、较低的人口数量为垦利区开发旅游产业提供了广阔空间。

三、短板分析

（一）形象短板

胜利油田在国内知名度颇高，长期以来的石油基地、重化工业基地形象已经深入人心，人们只知胜利油田而不知东营市，胜利油田遮蔽了东营市城市形象，东营市城市形象与胜利油田捆绑在一起。东营市的化工工业基地形象在一定程度上掣肘了旅游地环境与形象，不利于在客源市场形成旅游认知度。

（二）资源同质

黄河入海口是垦利区的品牌景区和龙头资源，但除了黄河入海口，其他资源与山东省内大部分沿海区县的同质化程度较高。主要表现：地势缺乏起伏，景观环境不佳，造景成本较高；农业资源缺乏特色，在山东省内分布较多；海滨资源在山东省并非特色资源，且缺乏优质海滨浴场；省内温泉资源较多。

垦利区稻田景观如图 6－13 所示。垦利区海滨景观如图 6－14 所示。

图 6－13　垦利区稻田景观

图 6－14　垦利区海滨景观

（三）产品不足

由于旅游开发时间较晚，垦利区尚未打造出完善的旅游产品体系。全区旅游项目“只见星星，不见月亮”，项目点小而分散。现有乡村旅游产品为近程旅游产品，难以吸引中远程游客。全区未依托黄河口特色资源开发主题产品，产品的体验性较差。

四、转型升级策略

（一）休闲统领

1. 转思路：以全域休闲统领垦利区域发展

全域旅游的核心是全域公共休闲产品的供给，垦利区境内的旅游资源缺乏观光价值，不宜开发以观光为主的旅游产品，而适合在现有产业基础上融入休闲业态。垦利区应以休闲旅游产业为引领，通过打造“休闲＋”产品体系，推出“休闲＋农业”“休闲＋工业”“休闲＋渔业”等不同休闲产品，促进垦利区产业融合发展，提高产业附加值，实现垦利区产业转型升级和区域产业的优化重组。同时形成以休闲为引导的产业集群生长模式，统筹区域内城镇发展和产业发展，有效联动一、二、三产业，重点打造面向景点的旅游观光度假产业、面向农业的现代立体农业、面

向城镇的生活服务产业，逐步实现从传统产业向旅游产业的转型。

2. 定目标：国内知名、山东一流的休闲旅游目的地

从区位交通、经济条件、资源配置等方面看，垦利区有条件引入休闲产业实现区域产业转型升级。通过政府投资建设基础设施，招商引资完善休闲产品体系，最终可实现打造国内知名、山东一流休闲旅游目的地的目标。

垦利区的发展目标可经过两个阶段实现：近期以黄河口为核心吸引物，将垦利区打造为综合配套区，建设东营近程休闲旅游目的地；随着若干核心旅游吸引物的建成和运营，中远期可实现打造山东一流的休闲旅游目的地的远期目标。

（二）业态升级

1. 引入新业态

垦利区目前的旅游业态仍以传统观光和市民休闲型产品为主，难以吸引中远程游客。未来转型升级过程中，垦利区应注意引进旅游新业态，重点关注邮轮游艇、房车露营地、温泉养生、低空飞行、休闲垂钓、旅游演艺、研学旅行、文化体育八大旅游新业态，策划特色旅游产品，布局、引进、建设东营市第一个游艇基地、山东第一个航空小镇、中国第一个石油小镇、世界最大的海上漂浮乐园，通过新业态布局可迅速提升垦利区旅游知名度，发挥后发优势，实现“弯道超车”。

2. 乡村旅游“两极化”

极大化：创建“八个万亩”大地景观亮点，包括万亩稻田、万亩牧场、万亩盐涂、万亩红滩、万亩葵园、万亩海参、万亩湿地、万亩林海，以壮观的大地景观作为垦利区旅游的引爆点。大地景观依托现有产业打造，具有投资少、见效快的特征，能够持续吸引媒体和市场关注，迅速引爆垦利区旅游市场。

极小化：向精致农业、定制农业转型。目前，垦利区的农业

产业以普通水稻种植为主，缺乏特色效益农业和精致乡村旅游产品。未来垦利区应鼓励乡村旅游点向精致农庄转型，引入定制农业新业态。丰富乡村旅游体验，提供亲子游乐、科普教育、农事体验、庄园地产等精致乡村休闲产品。

（三）项目驱动

目前垦利区的旅游形象模糊，尚未形成知名旅游产品品牌。垦利区在转型发展时期以小项目、小投资、小产品难以形成品牌影响力。因此，垦利区需加大招商力度，全力引入知名企业，投资建设大型旅游项目，弥补资源短板，以大项目助推区域旅游品牌突破，提升区域品牌，迅速形成旅游吸引物。

（四）后发赶超

垦利区旅游开发基础薄弱为后发赶超提供了条件。因此需高起点规划、高标准建设、高水平运营，与全产业链企业合作，实现策划、规划、建设、运营一体化，快速见效。做到项目先行（做事）、营销保障（做势）、效益为本（做市），以后发优势实现错位赶超，迅速提高垦利区旅游品牌知名度，实现从亚旅游目的地向旅游目的地的转型升级。

第三节　生态型亚旅游目的地的转型升级

一、生态休闲旅游开发研究

（一）生态休闲旅游的概念和内涵

“生态休闲旅游”一词的英文是 ecotourism，是 ecological（生态的）和 tourism（旅游）的复合词。但生态休闲旅游并不是生态活动和旅游活动的简单拼接，而是互相融合、互相渗透、有机结合。其研究对象是自然景观或与当地自然景观和谐统一的原

生文化。

笔者认为生态休闲旅游应是一种强调保护当地资源、具有教育功能、能够提高游客的环保意识、带有责任的旅游行为。当地资源既包括当地的自然生态系统，也包括当地独具特色的原生态文化。生态休闲旅游既是旅游过程，具有旅游活动的基本特点，同时又是对旅游者进行环保宣传的教育过程，在进行旅游消费的同时对游客进行生态教育。

（二）我国生态休闲旅游开发中存在的问题

1. 生态休闲旅游开发项目定位不准

我国生态休闲旅游开发项目缺乏高水平策划，许多城市和景区在旅游宣传中打的都是“生态牌”，显得千篇一律，毫无个性和特色可言，在目标市场上难以给人留下深刻印象，容易导致旅游产品的同质化，不利于生态休闲市场的健康发展。

2. 投资主体实力不强

旅游开发是高投入、长收益期的产业。这需要投资商具有雄厚的资金支持和长远的战略眼光。但由于我国客观条件的限制，旅游开发初期政府急于招商引资，缺乏严格的准入标准和相关的法律规范，导致一些旅游景区开发权落入没有相当开发实力的投资者手中。他们或者没有开发高水平生态产品的实力，或者在获得景区开发权后把投资转向其他产业，使得景区建设处于停滞状态。

3. 政府监管统筹不够

许多保护区由于缺乏统一管理、分工协作的体制和机制，保护区内多家单位各自为政，责、权、利不明，各单位和管理部门往往从局部利益出发，忽视保护区的整体发展，保护区内与生态环境保护发生冲突的现象屡见不鲜。

4. 统一规划观念不强

不少地方在开发生态休闲旅游前未制定详细的旅游规划，或者制定了旅游规划但并未很好地执行，导致旅游开发失控。一些拥有生态休闲旅游资源的地区甚至根本不做规划，只凭借单一的自然资源直接开发，使资源和环境遭到破坏。

（三）对我国生态休闲旅游目的地开发的几点建议

1. 重视民族文化的开发与保护

生态休闲旅游开发与民族文化保护是共生、相生的关系。搞生态休闲旅游开发，民族文化及其遗产的保护是第一位的。生态休闲旅游的基本吸引物既包括自然因素，也包括文化因素，但通常旅游者在旅游过程中没有明显的文化或生态倾向，或者旅游者在旅游过程中没有明显的倾向变化情况。因此，文化保护意义上的生态休闲旅游开发，归根到底是追求生态环境和民族文化的可持续发展，在民族地区开发民族生态休闲旅游是生态休闲旅游与民族文化保护整合的有效途径。

2. 引入先进的科技手段

一方面采用寓教于乐、灵活多样的宣教形式，向游客宣传环保知识，明确可为与不可为，教育人们热爱自然、保护自然，引导人们与自然和谐相处。宣传教育要突出直观、生动、形象，使人如同身临其境，如利用自然模拟厅等，融入环境教育知识。另一方面采用先进的监测手段，对自然资源、自然环境进行跟踪调查，掌握动态变化，防止超负荷，避免资源破坏和环境污染。

3. 解决好总体规划问题

做好旅游开发规划，并在其中贯彻保护资源和环境的思想，是开发取得成功的保障。要在旅游开发之前完善旅游规划方案，充分重视经济、社会和环境收益的多重目标的统一。在规划理念、专业化水平和规划深度上借鉴和利用国际上发展生态休闲旅游的先进理念和方法，规划设计要追求国际化水准，充分发掘民族文化，做出品位和特色。

4. 完善政府主导型旅游发展模式

生态休闲旅游资源的公共性特征和生态休闲旅游产品的准公共性特点要求在尊重市场规律的同时以政府为主导。生态休闲旅游资源所在地多为经济欠发达地区，基础设施不完备，需要政府完善旅游基础设施，保护生态资源以实现可持续发展；生态休闲旅游产品虽不属于公共性产品，但由于其具有综合性、社会性、无形性、准公共性等特点，需要政府积极组织与协调。

5. 强化品牌意识

要想在鱼龙混杂的生态休闲旅游产品市场上获得旅游者的青睐，取得最佳收益，树立鲜明的品牌形象是关键。品牌是强化生态休闲旅游产品差异化的有力手段，是获得生态休闲旅游产品竞争力的王牌。生态休闲旅游产品的宣传应突出差异性，减少混淆，避免周边强势景区的形象遮蔽。

生态休闲旅游是在 20 世纪 80 年代大众旅游迅速发展的背景下，为解决“既要大力发展旅游业，又不允许破坏和污染自然生态环境，使两者都得到应有的平衡和发展”问题，经过替代性旅游的酝酿而提出的。其以可持续发展作为理论内核，在实践中符合社会发展的客观需要，随着生态休闲旅游开发水平的不断提高，生态休闲旅游将成为未来旅游可持续发展的方向。

二、旅游度假区开发研究

（一）旅游度假区的度假氛围营造

近年来，我国旅游度假区的发展形势大好，度假区数量稳步上升，度假产业初具规模，已成为最受国内外游客欢迎的旅游目的地之一，取得了一系列令人瞩目的成绩。但由于游客对度假环境的多样化要求和竞争激烈的市场格局，许多旅游度假区有提档升级的迫切需求，而度假氛围的营造则是其中的重中之重。

氛围即意境。德国浪漫派诗人荷尔德林（Holderlin）与哲学家海德格尔（Heidegger）倡导人应该“诗意地栖居在大地上”。所谓诗意，是指思想和心灵的放松与愉悦，“栖居”既包含身体和物质住所，也涵盖内心和精神家园。要让游客“诗意地栖居在旅游度假区”，激发游客栖居的意愿，度假氛围的营造在旅游度假区的开发建设中显得尤为重要。

1. 旅游度假区的“动与静”

“曲径通幽处，禅房花木深；山光悦鸟性，潭影空人心；万籁此俱寂，惟余钟磬音。”坐落在深山花木中的禅房与幽静的环境融为一体，极静的山林中不时听到那轻快愉悦的鸟叫和悠悠钟磬的回声，优哉，快哉。自古以来，文士笔下对美好环境和生活品质的描述总是离不开动静结合的优美与细腻。

“动与静”是物质运动的存在方式和表现形态，它们被广泛运用到景观设计、电影美术、户型布局以及生活的方方面面。对于旅游度假区而言：“动”主要指公共休闲空间和大众活动区域，如入口综合服务区、户外活动区、大众游乐区等人气集中区，亦称为“动区”；“静”则指具有一定私密性、相对封闭的休闲度假空间，如度假别墅区、生态保育区、原住民居住区等限制进入区，亦称为“静区”。旅游度假区要根据自身资源特质和目标客群诉求，在动静之间实现“自成一格”的最优平衡。

2. “游客凝视”下的动区氛围营造

旅游度假区中的“动区”以人流量较大、停留时间较短为特色，是“游客凝视”的第一印象区。英国社会学家约翰·厄里（John Urry）认为“凝视”是旅游体验的核心，“游客凝视”表现为游客对旅游体验和环境中最根本要素的视觉特效。由此，对旅游度假区中“动区”度假氛围的构建可从“游客凝视”角度入手。

（1）对公共空间元素的利用。

我国旅游度假区面积较大，核心区域面积通常超过5平方公里，且包含村落、街道、湿地、河滩、海岸等资源，公共活动空间充足，视野开阔。游客对旅游度假区的第一印象通常来自对“动区”（入口综合服务区、户外活动区、大众游乐区等）的凝视。因此，依托当地的特色文化和资源，创造独特的视觉符号，给游客带来愉悦的凝视效果显得至关重要。但凡游客视觉范围内能够捕捉到的体验都可以被考虑为度假氛围营造的对象，如天际线、乡村风貌、垃圾桶、人员服饰、植被、自行车道等。德国哲学家卡西尔（Cassirer）说过，“人是符号化的动物，是符号的创造者和使用者”，对公共空间的情景设计即是赋予此类空间独特形象识别符号的过程，是为游客留下愉悦凝视体验的法宝。

（2）公共服务体系的人性化构建。

在旅游度假区中，“动区”是人流相对集中的区域，良好的服务品质亦是“游客凝视”的关注点。个性化的公共服务体系构建一方面可以满足不同度假群体的差异化需求，另一方面可以营造和提升游客对度假氛围的凝视效果。如今，家庭自驾游客占据了旅游度假区的半壁江山，“动区”中的服务设施和服务项目应充分考虑老年人、残疾人、儿童等细分市场的需求，向游客提供丰富优质的公共服务体系。

3．沉浸式体验下的“静区”氛围营造

沉浸式体验在游客开发和软件设计中运用颇广，指通过氛围营造创造让人感觉刺激、兴奋的感官和认知体验，让人沉浸在设定氛围中，从而产生愉悦、满足的感觉。相对于“动区”，旅游度假区中的“静区”人流量较少，且有一定的准入限制，如有偿消费、生态保护等，但同时也是承载游客长时间停留的关键区域，如高端度假酒店、主题温泉区、特色民俗村。旅游度假区与一般景区的根本区别在于游客停留时间较长，多为停留至少两晚的游客。因此，如何吸引游客“停下来、住下来”成为旅游度假区“静区”氛围营造的关键。

（1）慢生活氛围营造。

相比日常工作的繁忙与压力，旅游度假区“静区”氛围营造应体现“慢”这一特色。通过慢生活体系和产品的构建，为游客营造张弛有度、劳逸结合的度假方式，让游客沉浸在旅游度假区所设定的生活方式中。慢生活体系的构建可增强游客在旅游度假区中的参与性和丰富度假区户外运动与养生产品类型。在以住宿设施为主的“静区”区域，应配置社区公园、主题餐厅、太极馆、SPA 中心、瑜伽馆、高尔夫球场、主题俱乐部、生态露营地等度假服务设施；在海滨、湖泊、森林等生态保育区应设置生态游步道、栈道、节点服务设施等公共游憩设施，通过合理的游线设计，引导游客慢下来、留下来。

（2）个性化氛围营造。

沉浸式体验中的最省力法则认为，通过帮助人们降低达成目标时的认知阻力和运动阻力，让人们更加沉浸在所设计的环境中，可增强人们对设计产品的依赖性。要延长游客在旅游度假区中“静区”的停留时间，可借鉴此法则的原理，提供满足不同群体特殊需求的定制服务，如法国的地中海俱乐部以“一价全包”和专业的儿童看护服务为家庭游客提供了极大的便利，成为享誉全球的度假俱乐部。旅游度假区可根据自身特色和优势，在度假氛围上突显独特性和高品质，强化度假氛围的个性化和精细化。

综上，将旅游度假区空间划分为“动区”与“静区”，旨在通过差异化氛围的营造，打造过渡顺畅、联动互补的度假功能空间体系，有效提升游客体验质量。当然，这需要旅游度假区管理主体与专业规划、设计、建设、运营机构的通力协作。

（二）旅游度假区夜游产品浅析

听戏、唱曲、赏灯、观舞、赏月、杂耍等都是我国古代民间

常见的夜晚休闲方式，其表现形式纷繁多样，文化氛围浓厚，以最自然、亲切的方式满足了大部分人群的夜生活需求。从魏晋南北朝至明代，描写惬意夜游的著名古诗词就有数百首之多，夜晚成为文人雅士抒发情怀的绝佳时机。然而，如今的快时代节奏和新传媒方式削减了以上班族为主体的现代人群的夜晚休闲娱乐类型。正如有的人所说，以手机为首的移动终端加速了人们夜晚休闲生活走向极致单一化。据统计，手机用户会在工作中（85%）、回家路上（83%）、等候期间（92%）通过手机、平板电脑等刷微信、看新闻、聊人生（96%），手机上网用户数量一般在18：00至22：00达到高峰值。可见，看手机已成为人们夜晚休闲首选的娱乐项目。

在旅游度假区，由于缺乏有创意、好玩的夜晚度假项目，“白天海边度假，晚上酒店wifi”成为度假客的被动选择，显著拉低其消费，这对目标市场主要为过夜游客且淡旺季十分明显的旅游度假区而言无疑是严重的问题。如何构建有趣、好玩、多样的夜晚休闲度假产品对旅游度假区而言便显得尤为重要。

1. 好看：将“视角美感”融入夜间度假环境

情境主义创始人、当代法国思想家居伊·德波在其巨著《景象社会》（*The Society of Spectacle*）中曾断言：“可感知到的碎片，它们是催眠行为的有效驱动力……各种各样的奇观构成了世界的本质。”可感知的视觉体验正在成为引发游客好奇心的独特吸引物。

从心理学角度来看，人对环境的感知首先来自视觉，80%以上的人群对愉悦环境的认知最初是通过眼睛获得的。因此，旅游度假区的夜景非常关键，应是夜间旅游吸引物的重要组成部分，可提高度假区的视觉形象，展现夜游风情，激发游客想要“带着手机，走出酒店”的度假意愿，为夜间商业业态吸引潜在客源。度假区的夜景营造不仅应包括主干道、广场、桥梁等公共空间的

“亮化工程”，而且要充分考虑地形地貌，重视对包括天际线、山地景观、田园、环湖（滨海）路等在内的空间体系进行整体夜景提升。

此外，游客对旅游度假区夜生活的兴趣还来自对社区参与旅游（度假）活动或经营的凝视。据调查，别具一格的原住民夜晚休闲方式是激发游客夜晚出游和延长停留时间的主要因素。夏威夷的夜晚，随处可见由原住民自发而成的草裙舞表演和五彩斑斓的海岸夜景。在芭堤雅，穿着“绊尾幔”纱笼的当地人经营的酒吧和餐饮店成为度假客夜间活动参与度最高的游乐项目之一。原住民的参与让游客有机会与原住民直接对话，让游客从视觉上更真实地了解当地的风土人情，更容易让游客从心理上相信舞台表演的真实性。

2. 好玩：将“全产业链”融入单体度假项目

（1）注重大型综合体的布局。

好玩的夜间度假项目是吸引游客留下来的关键。淡旺季明显是我国旅游度假区的共同瓶颈，尤其是四季分明的海滨海岛、湖泊型旅游度假区。如山东省四十余个旅游度假区中，沿海分布的旅游度假区超过全省度假区总量的50%。其经营旺季几乎全部集中在夏季。冬季人烟稀少，冬季夜晚更是了无人烟。对这类旅游度假区而言，大型室内或室内外相结合的综合体是丰富其淡季及夜间度假产品的利器，如温泉水乐园、室内外滑雪场、精品度假庄园、主题度假小镇等。

当然，这些项目并非指传统的单体度假产品或单体产品的简单叠加，而是强调具备完整产业链的大型综合体。每个度假项目都能为游客提供全方位的食、住、行、游、购、娱体验，从而弱化气候、时间、距离等不可控因素对游客度假意愿和行为的限制和影响。

（2）增强传统酒店的度假功能。

由于受地理环境、气候因素等限制，除海南外，我国大部分旅游度假区的酒店仍以传统的商务、会议型酒店为主，其度假功能并不明显。真正意义上的度假酒店本身就应是旅游吸引物，且能够满足大部分游客的夜间休闲娱乐需求，成为一个多功能度假综合体。然而，由于度假酒店对选址的要求非常严苛，通常位于风景优美的海边、山野、乡村或温泉资源丰富之地，造成我国资源条件及区位优势不明显的旅游度假区在度假酒店招商上陷入困境。此类旅游度假区可按照国际度假酒店水准对现有酒店进行提升改造，增加主题SPA、瑜伽、温泉、室内影院、无边泳池等可供游客在酒店娱乐的夜间项目，丰富酒店的度假项目，让游客在酒店内依然有的拍、有的玩。

3. 好品：将“高品质”融入服务细节

旅游度假区的目标群体以中高端过夜游客为主，这类群体对度假环境和产品的要求较高。在度假项目同质化严重、度假市场竞争激烈的今天，细节势必决定成败。目前，我国大部分已获批的省级旅游度假区仍处在开发建设阶段，构建精致化、品质化的度假产品体系将成为这类度假区提档升级的主要方向。

夜晚是游客旅游度假时的相对疲惫期，高品质的细节服务能提升游客的满意度，体现度假区的人文情怀。如针对个性化需求，增设主题夜床布置、度假区代驾、小孩托管等金钥匙服务，为游客营造放心、安心、舒心的度假环境。

旅游度假区夜游产品体系的构建应从游客体验和心理诉求角度进行市场分析，挖掘不同年龄、职业等细分市场的夜间度假需求，从度假氛围、度假产品、服务细节等方面策划好看、好玩的品质产品，方能收获游客好评，创建具有特色夜游产品的“四好”旅游度假区。

第四节　文化型亚旅游目的地的转型升级

一、文化遗产型亚旅游目的地转型升级研究

（一）青年群体选择文化遗产型旅游目的地的影响因素研究

1. 作为游客市场主体的青年群体不容忽视

青年群体是当今旅游市场的主体，因收入、受教育程度、职业、消费习惯等与其他群体有明显差异，其对旅游目的地的选择偏好也明显区别于其他群体，特别是对文化厚重的遗产型旅游目的地。本节基于计划行为理论（theory of planned behavior，TPB），采用问卷调查法，针对青年群体选择文化遗产型旅游目的地的影响因素做了实证分析，为文化遗产型旅游目的地的市场开发提供理论支持。

关于青年群体的界定，各界说法不一。联合国教科文组织（1982）将 14～34 岁的人群界定为青年人口，世界卫生组织（1992）则将 14～44 岁的年龄段人群界定为青年人口，我国国家统计局在人口普查时将 15～34 岁的群体定义为青年人口。吴烨宇（2002）认为当前我国青年的年龄界定应确立为 16～25 岁，且青年年龄的界定可以根据变化的具体社会条件而不断地调整和修正①。黄志坚（2003）提出 21 世纪中国青年的年龄应界定为 14～30 岁②。结合本书的研究内容和目的，我们将青年群体的年龄界定为 16～30 岁，以其作为研究对象。

近十年来（2007—2017），国内对青年群体与旅游相关问题

---

① 吴烨宇．青年年龄界定研究［J］．中国青年研究，2002（3）：36－39.
② 黄志坚．谁是青年？——关于青年年龄界定的研究报告［J］．中国青年研究，2003（11）：31－41.

的研究主要集中在乡村旅游①、红色旅游②、青年女性旅游③等方面的旅游偏好与市场开发研究。在青年群体与文化遗产的相关文献中，有学者研究了青年群体与非物质文化遗产的保护与传承④，但尚未发现研究青年群体与文化遗产旅游目的地的相关成果。在文化遗产研究方面，国内相对集中于文化遗产的保护与开发，特别是农业文化遗产的资源评价⑤、文化遗产的可持续发展⑥等。国外学者则将视角更多地投向文化遗产旅游者研究、文化遗产旅游目的地研究、文化遗产旅游开发与管理研究、文化遗产旅游解说与原真性研究等方面⑦。如 Janet Chang 研究发现，青年旅游者，尤其是高学历的单身青年旅游者对节日本身有更加浓厚的兴趣⑧。Yaniv Poria 等利用个体特征、地点属性、意识、感知四个变量因素来考察文化遗产旅游中游客感知及其行为之间

---

① 吴静羽，黄玮. 浅析青年群体乡村旅游市场开发策略［J］. 现代商业，2016（12）：32－33；吴丹. 青年旅游者在乡村旅游中行为特征研究［J］. 绿色科技，2014（7）：321－322；钟诚，朱创业，肖晓，等. 青年旅游者乡村旅游消费行为实证分析——以成都市为例［J］. 资源开发与市场，2010，26（5）：475－476.

② 杨伟豪. 青年红色旅游行为研究——以岩寺新四军旧址为例［J］. 安徽农学通报，2016，2（23）：139－141；张雪. 青年群体对红色旅游的需求特征与参与意愿研究——以北京市红色旅游经典景区为例［J］. 特区经济，2013（6）：86－89.

③ 宋丹萍，党春梅，袁省. 国内青年女性游客旅游消费行为分析［J］. 商品与质量，2011（8）：44－45；沈馀利，彭分文. 娄底市青年女性旅游消费行为与市场营销策略探析［J］. 湖南人文科技学院学报，2015（4）：114－119；夏文桃. 青年女性健康旅游的心理需求与产品设计［J］. 经济理论研究，2010（5）：97－98.

④ 李沁芯，徐金德. 当代青年参与非物质文化遗产保护和传承的思考［J］. 文学教育，2015（9）：86－87.

⑤ 孙业红，闵庆文，成升魁，等. 农业文化遗产的旅游资源特征研究［J］. 旅游学刊，2010，25（10）：57－62；孙业红，成升魁，钟林生，等. 农业文化遗产地旅游资源潜力评价——以浙江省青田县为例［J］. 资源科学，2010，32（6）：1026－1034.

⑥ 樊友猛，谢彦君. 记忆、展示与凝视：乡村文化遗产保护与旅游发展协同研究［J］. 旅游科学，2015，29（1）：11－24.

⑦ 董皓，张喜喜. 近十年国外文化遗产旅游研究动态及趋势——基于《Annals of Tourism Research》与《Tourism Management》相关文章的述评［J］. 人文地理，2012（5）：157－160.

⑧ Janet Chang. Segmenting tourists to aboriginal cultural festivals：anexample in the Rukai tribal area，Taiwan［J］. Tourism Management，2006，27（6）：1224－1234.

的关系[1]。

由此可见，国内外关于青年群体与文化遗产旅游目的地相互关系的研究较少。青年人处于最有生气的年龄阶段，处于体力和智力的双高峰，学习教育、生活健康、休闲娱乐等需求最为旺盛，且家庭、事业、身体等方面的束缚相对中年人较小，是旅游市场消费的主力之一，不容忽视。从现有经验来看，青年群体的旅游消费更多的倾向主题公园、山水名胜、海滨度假等娱乐性较强、有利于放松身心的休闲度假型目的地，而历史性、文化性、内涵性都异常突出的文化遗产更受中老年游客喜爱。作为重要的人文旅游产品之一的文化遗产型旅游目的地，看上去与青年群体的旅游消费需求存在一定偏差，这为文化遗产型旅游目的地的市场开拓增加了无形的障碍。因此，摸清影响青年群体选择文化遗产型旅游目的地的影响因素，具有重要的理论与现实意义。

2. 研究模型与假设

（1）TPB模型。

TPB即计划行为理论，最早由Icek Ajzen（1985，1991）提出[2]，是理性行为理论（theory of reasoned action，TRA）的继承者。Ajzen在TRA中增加了（对自我）“行为控制认知”（perceived behavior control）这一新概念，从而发展成为计划行为理论[3]。

Ajzen认为所有可能影响行为的因素都是行为意向间接影响

① Yaniv Poria，Richard Butler，David Airey. The core of heritagetourism［J］. Annals of Tourism Research，2003，30（1）：238－254.

② Ajzen I. From Intentions to Actions：A Theory of PlannedBehavior［M］. Berlin：Springer Berlin Heidelberg，1985.

③ Martin Fishbein，Icek Ajzen. Belief，Attitude，Intention，and Behavior：an Introduction to Theory and Research［M］. Addison-Wesley Publishing Company，1975.

行为的表现。而行为意向受到三项相关因素的影响：一是个人对采取某项特定行为所抱持的态度（attitude），二是外在的会影响个人采取某项特定行为的主观规范（subjective norm），三是知觉行为控制（perceived behavioral control）[①]。在上述三个因素的影响下，个体形成“行为意图”（behavior intention），进而产生实际的行为（behavior）。因此 TPB 模型包括态度、主观规范、知觉行为控制、行为意图、行为五个基本要素，如图 6-15 所示。

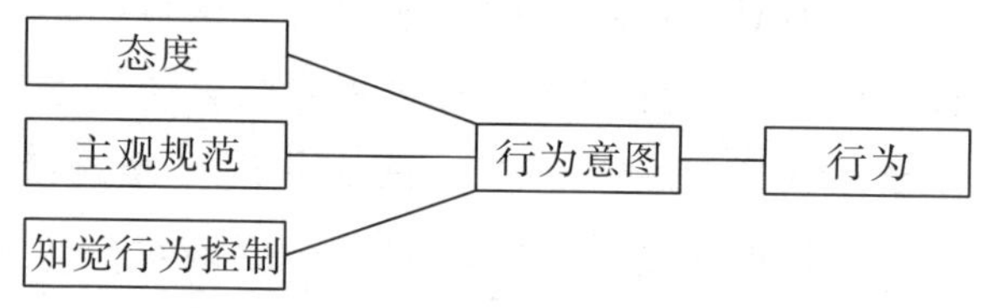

图 6-15　TPB 模型

TPB 在选择行为的科学研究和现实应用中得到广泛认可，并成为研究游客旅游目的地选择的主流范式和经典理论[②]。如姚艳虹等（2006）建构了旅游者目的地选择的 TPB 模型，表明意向、情境、旅游群体是旅游者目的地选择的基本影响要素，而态度、主观规范和主观感知对意向产生重要影响，目的地形象、旅游经历、动机等 9 个因素是最直接的影响要素[③]。宋慧林等（2016）以 TPB 模型为工具，研究了人口特征对居民出境旅游目的地选择的影响，认为以年龄、受教育程度和收入为代表的人口特征在旅游目的地选择行为意向与选择行为之间起显著调节作

① Ajzen I. The theory of planned behavior [J]. OrganizationalBehavior and Human Decision Processes，1991，50 (2)：179-211.

② 宋慧林，吕兴洋，蒋依依. 人口特征对居民出境旅游目的地选择的影响——一个基于 TPB 模型的实证分析 [J]. 旅游学刊，2016，31 (2)：33-43.

③ 姚艳虹，罗焱. 旅游者目的地选择的 TPB 模型与分析 [J]. 旅游科学，2006，20 (5)：20-25.

用[①]。上述研究为本书提出研究假设奠定了基础。

（2）研究假设。

研究表明，态度是基于游客自身学历、知识、身体、职业等多种因素而形成的对旅游目的地的综合感知，是选择旅游目的地的初始动力和基本标准。在游客购买行为中，其对某类旅游目的地的兴趣越浓厚、态度越积极、感觉越良好，选择此类旅游目的地作为出游目标的意向越明显。因此，提出以下假设。

H_1：青年群体对文化遗产型旅游目的地的态度与文化遗产型旅游目的地选择意向正相关。

主观规范是指个人在决定是否采取某个特定行为时所感受到的社会压力，即影响个体决策的外界因素（如父母、老师、朋友、配偶等）对个体行为决策的期望[②]。游客在选择某一类型旅游目的地时具有一定的从众心理，特别是在对旅游目的地不甚了解的情况下。因此，提出如下假设。

H_2：青年群体文化遗产型旅游目的地选择的主观规范与文化遗产型旅游目的地选择意向正相关。

知觉行为控制显示游客对旅游目的地选择的控制信心，如安全、时间、花费等可预见因素是否在自己承受范围之内。研究表明，良好的知觉行为控制能够直接和显著影响旅游目的地的选择[③]。因此，提出以下假设。

H_3：青年群体文化遗产型旅游目的地的知觉行为控制显著影响文化遗产型旅游目的地的选择。

在经过搜集信息和理性思考后，游客会对某一旅游目的地产

① 宋慧林，吕兴洋，蒋依依. 人口特征对居民出境旅游目的地选择的影响——一个基于 TPB 模型的实证分析 [J]. 旅游学刊，2016，31（2）：33－43.

② 齐昕，刘家树. 基于 TPB 模型的大学生创业意愿影响因素研究 [J]. 安徽工业大学学报（社会科学版），2010，27（6）：163－165.

③ 丁丽英. 基于计划行为理论的福州居民赴台旅游行为意向研究 [J]. 吉林师范大学学报（自然科学版），2013，2（1）：117－119.

生选择意图，形成前往或放弃游览的主观意愿，这一意愿会直接决定其出游行为。青年群体的决策执行能力较强，一旦产生选择意图就极有可能付诸实际行动。因此，提出以下假设。

H_4：青年群体文化遗产型旅游目的地选择的行为意图决定文化遗产型旅游目的地的选择行为。

（3）模型修正。

实际上，旅游目的地的选择还受多种因素影响，如天气、交通、身体等。在游客形成较强烈的行为意图后，可能受偶发因素影响导致其加速或放弃出游行为。能够推进或阻止其出游的主要原因可归纳为偶发事件，包括正向的偶发事件，如遗产地成为知名影视剧拍摄地、遗产地成功申报世界文化遗产等，会对游客出行起推动作用，也包括负向的偶发事件，如文化遗产地出现安全事故、交通堵塞、文物修缮等突发状况，会对游客出行起到抑制作用。青年群体的信息搜集能力较强，因此偶发事件能够较快影响青年群体的选择行为。基于此，提出以下假设。

H_5：偶发事件对青年群体的文化遗产型旅游目的地的选择行为具有显著影响。

青年群体选择文化遗产型旅游目的地的 TPB 修正模型如图 6－16 所示。问卷信效度分析表见表 6－15。

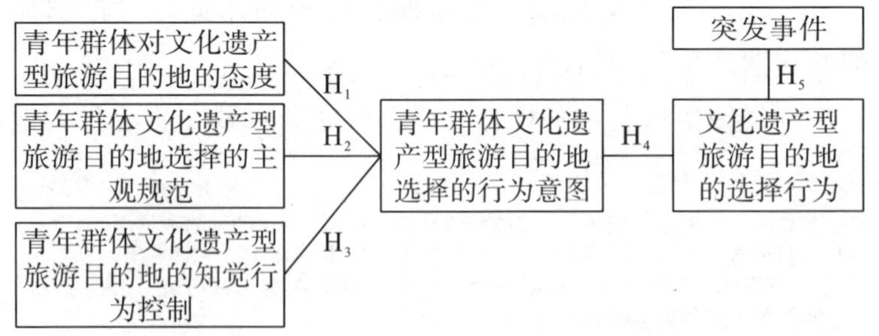

图 6－16　青年群体选择文化遗产型旅游目的地的 TPB 修正模型

表 6—15　问卷信效度分析表

变量	问项	成份						Cronbach's α 系数
		1	2	3	4	5	6	
态度（Da）	我觉得文化遗产型景区很好玩	0.606	0.410	0.070	0.148	0.046	0.203	0.721
	我对历史、文化、建筑、乡村遗产类的旅游资源感兴趣	0.778	0.188	−0.064	0.078	0.072	−0.160	
	到文化遗产地旅游有助于提升自己的文化知识水平	0.433	0.159	0.138	0.093	0.190	−0.540	
	我以前去过文化遗产地旅游，感觉很好	0.667	0.188	0.096	0.159	0.164	0.119	
主观规范（Dsn）	我父母喜欢去文化遗产型景区旅游	0.121	0.743	0.036	0.289	0.050	−0.183	0.740
	我周边很多朋友喜欢去文化遗产型景区旅游	0.188	0.763	0.243	−0.027	0.002	0.246	
	去文化遗产型景区旅游会让人觉得自己与众不同	0.336	0.217	−0.028	0.682	0.053	0.076	
	父母鼓励我去文化遗产型景区旅游	0.124	0.567	0.030	0.451	0.129	−0.059	
	媒体宣传会让我更倾向于去文化遗产型景区旅游	0.201	0.649	−0.143	0.023	0.175	0.378	

续表6—15

变量	问项	成份						Cronbach's α 系数
		1	2	3	4	5	6	
偶发事件（De）	天气因素会严重影响我的文化遗产型景区旅游行程	0.111	−0.059	0.767	0.390	−0.079	−0.035	0.705
	交通因素会严重影响我的文化遗产型景区旅游行程	0.071	0.064	0.892	0.007	0.004	0.001	
	安全因素会严重影响我的文化遗产型景区旅游行程	0.021	0.128	0.773	−0.265	0.144	−0.067	
	成功申报世界文化遗产等品牌会加速我前往该景区旅游的行程（如广西龙脊梯田等）	0.155	0.098	−0.075	0.376	0.723	−0.140	
	知名影视剧的选景地会加速我前往该景区旅游的行程（如《琅琊榜》等）	0.049	0.083	0.131	−0.055	0.889	0.173	
KMO	取样足够度的 Kaiser-Meyer-Olkin 度量	0.777						
Bartlett 的球形度检验	近似卡方	794.187						
	df	190						
	Sig.	0.000						

续表6—15

变量	问项	成份						Cronbach's α 系数
		1	2	3	4	5	6	
知觉行为控制（Dpbc）	相对自然型景区，我感觉文化遗产型景区更安全	0.070	0.055	−0.084	0.570	0.262	0.403	0.712
	相对自然型景区，我更熟悉和了解文化遗产型景区	0.282	0.212	0.133	0.670	0.058	0.293	
	相对自然型景区，我认为文化遗产型景区交通更便利	0.223	0.176	−0.017	0.188	0.300	0.462	
	相对自然型景区，文化遗产型景区花费更少	0.127	0.135	0.009	0.271	0.013	0.658	
行为意图（Dbi）	我愿意去文化遗产型景区旅游	0.813	0.037	0.076	0.064	0.076	0.043	0.803
行为（Dx）	如果有机会，我会优先选择去文化遗产型景区旅游	0.781	0.009	0.077	0.302	−0.073	0.156	0.821

3. 调研设计与结果

(1) 调研设计。

问卷设计基于青年群体选择文化遗产型旅游目的地的 TPB 修正模型，针对态度（Da）、主观规范（Dsn）、知觉行为控制（Dpbc）、行为意图（Dbi）、行为（Dx）、偶发事件（Dce）六个变量，设计 20 个问项，并通过小范围测试对问卷进行了修正。调查问卷采用国际通用的李克特五分量表，问项备选答案分别为“很不同意、不同意、一般、同意、很同意”，依次用 1 至 5 表示。本书采用网络问卷调研方式，面向 16～30 岁人群定向投放，总计收回问卷 149 份，有效问卷 145 份，问卷有效率为 97.3%。

(2) 信效度分析。

本研究采用克朗巴哈系数（Cronbach's α）检测问卷信度。按照一般标准，克朗巴哈系数达到 0.7～0.8 时表示量表具有相当的信度，达 0.8～0.9 时说明量表信度非常好。经检验，问卷各变量的克朗巴哈系数均超过 0.7，问卷整体信度为 0.846，可见信度良好。经 *KMO* 效度检测，发现 *KMO* 度量为 0.777，*Sig*. 为 0，各问项六个主成分中均至少有一个大于 0.4，说明效度较高。

(3) 总体分析。

调查显示，绝大多数（68.8%）受访者对历史、文化、乡村遗产等类型的旅游资源感兴趣，大部分受访者（59.7%）愿意选择文化遗产型旅游目的地作为出游目的地，这纠正了人们普遍认为的青年群体更偏好于自然型和主题公园型旅游目的地的观点。媒体宣传对受访者（48.6%）的出游形成正面促进作用，其次为父母鼓励（37.6%）、朋友圈氛围（29.5%），文化遗产型旅游目的地应在市场开发中更重视媒体宣传，特别是微信、微博、微电影等新媒体营销。在偶发事件中，有半数以上的受访者表示遗产地成为知名影视剧拍摄地（56.9%）、成功申报世界文化遗产

(62.4%）等对其出游具有较强影响，交通（71.6%)、天气(49.5%)、安全（71.6%）等偶发因素对游客的出游行为也有较强影响，其中交通和安全因素影响最为明显。

（4）相关性分析。

本书拟采用回归分析研究青年群体选择文化遗产型旅游目的地的影响因素及其影响力。在进行回归分析前，首先验证各因素的相关性。经SPSS20相关性检测发现，受访者的态度、主观规范、知觉行为控制和偶发事件与行为意图、行为之间具有直接相关关系（表6—16)。

表6—16　变量相关性分析

变量		行为意图	行为
态度	Pearson 相关性	0.732	0.721
	显著性（双侧）	0.001	0.003
主观规范	Pearson 相关性	0.428	0.478
	显著性（双侧）	0.020	0.015
知觉行为控制	Pearson 相关性	0.689	0.606
	显著性（双侧）	0.034	0.006
偶发事件	Pearson 相关性	0.647	0.612
	显著性（双侧）	0.013	0.016

4. 假设检验分析

（1）三大变量对出游意愿的回归分析。

以行为意图作为因变量，以态度、主观范式、知觉行为控制作为自变量做回归分析。结果显示：态度、主观规范、知觉行为控制三大变量对游客出游意愿均有一定影响，其中态度对出游意愿影响最为强烈，主观规范与知觉行为控制的影响力基本相当，见表6—17。因此，文中提出的假设H_1、H_2、H_3得以验证。

表 6—17　三大变量对出游意愿的回归分析

因变量	自变量	非标准化系数		标准系数	t	$Sig.$	R 方	调整 R 方	F
		B	标准误差	试用版					
行为意图	态度	0.481	0.469	0.190	1.026	0.000	0.353	0.328	14.175
	主观规范	2.192	0.425	0.093	5.158	0.030	0.111	0.068	2.585
	知觉行为控制	2.625	0.368	0.090	7.129	0.044	0.089	0.054	2.546

（2）出游意愿对出游行为的回归分析。

以行为为因变量，行为意愿为自变量做回归分析。结果表明：出游意愿对出游行为有直接影响，且影响力强，见表 6—18，假设 H_4 验证真实。

表 6—18　出游意愿对出游行为的回归分析

因变量	自变量	非标准化系数		标准系数	t	$Sig.$	R 方	调整 R 方	F
		B	标准误差	试用版					
行为	行为意图	0.763	0.810	0.672	9.375	0.000	0.451	0.446	87.888

（3）偶发事件对出游行为的影响。

以行为为因变量，偶发事件为自变量做回归分析。结果表明：偶发事件对出游行为有直接影响，且影响力较强，见表 6—19，假设 H_5 验证真实。

表 6－19　偶发事件对出游行为的回归分析

因变量	自变量	非标准化系数		标准系数	t	$Sig.$	R 方	调整 R 方	F
		B	标准误差	试用版					
行为	偶发事件	2.179	0.632	0.091	3.448	0.001	0.073	0.028	1.618

5. 研究结论

研究显示，在影响青年群体出游选择的多方因素中，自身态度的作用最为显著，其次是环境氛围和青年群体对文化遗产型旅游目的地的自我感知把控能力。偶发事件对出游行为具有明显的促进和遏制作用，且其与出游意愿的影响力相当。基于此，本书提出以下措施，以有利于文化遗产型旅游目的地开发青年群体细分市场。

（1）大力发展文化遗产教育。

一方面，通过“文化和自然遗产日”“中国旅游日”等节日的宣传，潜移默化地提升青年群体对遗产型旅游目的地的认知和好感。另一方面，将博物馆、研学旅行等纳入国民教育体系，从政府层面加大对青年群体，特别是青少年的文化遗产教育。另外，在严格保护文化遗产的同时，通过市场途径吸引企业和民间组织参与遗产教育，使得文化遗产的种子深植于青年群体心中。

（2）营造遗产旅游社会氛围。

通过互联网、电视、节庆等不同形式，在全社会形成文化遗产旅游的氛围。浓厚的文化遗产旅游氛围有利于提升公众保护文化遗产的意识，也是促进青年群体赴遗产地旅游的重要动因。

（3）创新文化遗产旅游产品。

文化遗产旅游除了提供遗产的历史感，还应满足游客多方面的需求。如青年群体偏好新奇、色彩、动感等元素，文化遗产旅

游产品设计者可围绕这些元素，开发符合青年群体需求的旅游产品，将有很大的市场空间，故宫、周庄、丽江等文化遗产型旅游目的地在这方面做了很好的示范。

（4）重视偶发因素的影响。

一方面积极申报重点文物保护单位、国家或世界文化遗产等各类目的地品牌，形成较强的品牌影响力；另一方面将影视剧、互联网、特色节庆等引入文化遗产地，有效地提升文化遗产地的知名度和美誉度。同时，应注意营造文化遗产地安全、便捷、舒适的旅游环境氛围。

（二）基于场所精神理论的建筑遗产再利用研究

1. 问题的提出

第三次全国文物普查数据显示，截至 2011 年 11 月，全国 31 个省、自治区、直辖市共登记不可移动文物 766722 处，其中保存状况较差的占 17.77%，保存状况差的占 8.43%，合计超过登记量的四分之一，另有约 4.4 万处不可移动文物登记消失。不可移动文物的毁损和消失，既有地震、洪水、泥石流等突发自然灾害的原因，也有不当的生产生活方式、不科学的规划开发等人为因素原因。我国不可移动文物的保护面临严峻挑战。

在我国 76 万余处的不可移动文物中，筑类遗产总数达到 40 万处，是不可移动文物的主体。与英国、意大利、法国等文化遗存丰富的国家相比，我国对建筑遗产登记与保护的力量明显不足。拆除与重建在国内各文化遗产所在地轮番上演。1992 年济南拆除有近百年历史的老火车站和 2012 年拟重建济南老火车站就是最典型的例子。表面来看，这不过是一座建筑实体的毁灭与重生，只要按照原貌修建再加以文化的粉饰就能够继续让其发挥历史传承的作用。实际上，新建建筑只是克隆了身体的躯壳，建筑遗产实体的消失，就意味着这座建筑所具有的场所精神已经消失，灵魂已经离去。

随着城镇化的快速发展和社会文化的急速变迁，如何在保护建筑遗产的同时对其进行合理开发和利用，是我们面临的一个难题。保护与开发的矛盾关系、利益相关者的博弈、遗产开发的模式选择等都考量着政府部门的管理能力和开发者的智慧。我们需要引入一个相对稳定的理论用以指导建筑遗产的再利用。

2. 建筑遗产与场所精神

（1）建筑遗产。

由于研究的视角不同，建筑遗产的范畴也不尽相同。狭义上的建筑遗产是指某一具有保护价值的建筑单体或建筑群；广义上的建筑遗产既可以是建筑单体或建筑群，也可以是历史街区、历史文化名城等。叶如棠认为建筑遗产“泛指现存的各类有历史价值的建筑物、构筑物、街区、村落、城市的旧城区乃至整个古城”[①]。这一定义与本书所述建筑遗产的范畴基本一致，涵盖了建筑遗产再利用过程中可能涉及的类别。结合《威尼斯宪章》（*Venice Charter*）、《佛罗伦萨宪章》（*The Florence Charters*）和《中华人民共和国文物保护法》等法律规章中对建筑遗产的价值评价标准，我们将建筑遗产定义为“现存的具有历史、科学和艺术保护价值的建筑物、构筑物、历史街区及历史文化名城、名镇、名村”。这一定义属于广义定义，既包括了建筑单体，也包括了建筑群及由建筑群所构成的社区，在标准上则突出了建筑遗产的历史价值、科学价值和艺术价值。

（2）场所精神。

场所精神是一个建筑现象学概念，由挪威著名的城市建筑学家诺伯舒兹（Christian Norberg Schulz）于 1979 年提出。他认为场所精神（genius loci）的说法起源于古罗马时期，古罗马人

① 叶如棠. 城市的发展与建筑遗产的保护［J］. 求是，2002（7）：45－47.

将场所看作自然的和人为的元素所形成的一个综合体，而精神则是每一种独立本体都具有的“守护神灵”（与古老的拜物教认为万物有灵类似）。诺伯舒兹并不以纯粹的哲学方法处理“空间和特性”，而是直接落实到建筑上，更强调了建筑的方向感（orientation）和认同感（identification）①。有学者将场所精神解释为“人们具体居住、生活在空间中的总体气氛”②，也有学者将“orientation”理解为“定向”，“定向”是疏离感、无家可归的表现，它使人成为自然的一部分③。

建筑是赋予人“存在的立足点”的方式，是“存在空间的具现”，具现可以“集结”和“物”的概念来解释。海德格尔认为“物集结世界”（A thing gathers world），人需要“诗意的栖居”，这是诺伯舒兹场所精神理论的哲学源泉。

现实的情况是，很多学者将其归结为不可捉摸的“感觉”或“气氛”，场所精神有被虚空化的趋势，这与诺伯舒兹对场所精神的解释有一定出入。笔者认为，场所精神是一种真实存在，就如同希腊医生希波克里特提出的基于体液而形成的人体气质一样，场所精神类似于场所气质。人类出于某种目的，运用特定的材料、色彩、工艺等打造出特定的空间和环境，合并人在空间内的活动后，所展示出的独特气质即场所精神。场所精神的存在是以人类和建筑的共存为前提的，失去人的存在场所精神将失去意义，失去建筑本体的存在则场所精神会失去载体。

3. *对建筑遗产场所精神的进一步辨析*

综合建筑遗产与场所精神的相关理论，我们可以进一步探讨建筑遗产的场所精神及其构成。建筑遗产的特殊性决定了其场所

---

① 诺伯舒兹.“场所精神”——迈向建筑现象学［M］. 施植明，译. 武汉：华中科技大学出版社，2010.

② 乔怡青. 城市设计中的场所精神［J］. 城市问题，2011（9）：48−51.

③ 朱文一. 空间·符号·城市［M］. 北京：中国建筑工业出版社，1993.

精神的特质，即强烈的“目标性”。在此，我们将附着于建筑遗产物质实体之上的气质进一步解构，以更清晰地了解建筑遗产的场所精神。

（1）建筑遗产的实体形态与场所精神。

根据建筑遗产的表现形式和存在方式，我们可以将其进一步分解为实体形态和场所精神，其中实体成分包括建造建筑遗产的物质及因此而形成的可见部分，如木、砖、石、金箔、琉璃等建筑构件和形状、工艺、色彩等建筑形态。场所精神包括因建筑实体的建造而衍生出的情境、归属和文化。所谓情境，即由建筑的空间、人的活动、外界环境等营造出的特殊氛围，是基于实体形态产生的功能进而衍生出的交叉部分。所谓归属，即人进入建筑空间后，通过对建筑遗产的感悟及认知而产生的“投入感”和“认同感”。所谓文化，即由历史发展而积淀在建筑遗产精神内核上的“可识别”的符号。

由此可见，建筑遗产的实体形态是有形的，是场所精神产生的基础和载体。场所精神是无形的，是实体形态的灵魂和外延。由实体形态所产生的功能与场所精神的情境具有某种重合，这与诺伯舒兹所说的“建筑意味着场所精神的形象化”是一致的。

（2）场所精神三要素的关系。

场所精神的情境、归属、文化三要素，其赋予主体分别为人、社会和历史（图 6-17）。人类赋予建筑情境，这是建筑产生的根本动力和存在的根本原因。正如诺伯舒兹所言，“在场所精神的发展过程中保存了生活的真实性”。情境是某种环境下人在建筑物内部或周边活动所造成的氛围，这种氛围是基于使用而形成的。不管是“目的性建筑”还是“非目的性建筑”，其情境一旦丧失或变更，就极有可能被历史湮灭，如封建时代普遍存在的贞节牌坊，当其失去象征意义，未找到象征意义的延续功能后，被农民拆掉用来建筑房屋就在情理之中，类似的情况还有长城的人为破坏。

社会赋予建筑归属，使得建筑除情境之外拥有更为宽泛和持久的因素。人作为社会群体的组成部分，受社会的影响而产生复杂的情感。建筑遗产的归属感立足于人在社会中的存在，从家庭建筑的爱的归属，到寺庙建筑的精神归属，或是宫廷建筑的权力归属、祠堂建筑的宗族归属、会馆建筑的地方归属等，可以解释：为什么漂泊在外的游子不愿变卖家族的房产，尽管其已经不可能回乡居住；各地姓氏祠堂的祭祀、处理宗族事物等功能早已消失，但仍不断得到同宗人士捐助；会馆建筑的功能更被诸多现代建筑替代，但仍成为各地游子同乡叙旧的重要场所。历史赋予建筑遗产文化，是建筑遗产场所精神中的高级形态，是建筑的灵魂内核。

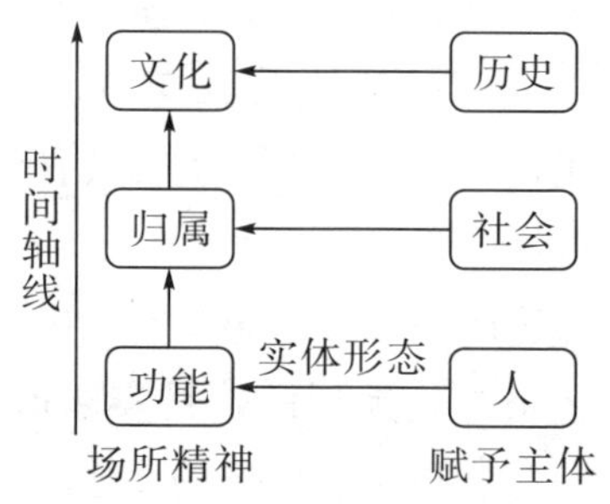

图 6—17　场所精神三要素的关系图

情境、归属、文化三者既有递进成分，也有循环成分。从纵向的递进成分看，情境是建筑遗产场所精神的基础，归属是升华，文化是积淀。建筑的实体形态在建造完成后，场所精神中的情境元素最先出现，并伴随建筑遗产的使用而不断变化，随后是在社会发展中产生归属感和在历史发展中积淀文化。如川西地区的桃坪羌寨，在羌族聚居的时代，居住情境是其场所精神的主体，归属感可能只有走出羌寨的人才有所体会，而文化则是纯粹外部性视角的产物，生活其中的人难以用文化审视本地建筑物。随着时间的推移，羌寨内部人口逐渐流失，居住情境不断弱化，归属逐渐成为羌寨建筑精神的主体。在大部分族人口离开并伴随外来人口增加和历史的演变过程中，羌族文化逐渐成为人们关注的焦点，文化发展成为桃坪羌寨得以保存并不断发展的动力。从横向的循环成分看，场所精神三要素在不断自我修正和互相影响，如基于对场所精神中民族文化范式的研究会不断修正人们使用建筑的目的和方法，使得建筑遗产不会因为人的活动而毁损。

（3）场所精神与场所认知。

场所精神基于人的存在而存在，其在建筑遗产再利用中所起的作用以人对场所精神的认知为前提。理清场所精神与场所认知之间的关系，能够为建筑遗产的保护与开发中场所精神的运用提供帮助。

建筑遗产的情境，是对建筑遗产场所精神的部分描述，是建筑遗产的实体形态的过渡区，游客对某一建筑遗产的最初认识基于情境的感觉，如对建筑遗产外形的感知。有些游客还会在建筑遗产内进行某种延续其情境的活动，如在古代会所遗产中品茶、用餐。这一层次的认知是初级的和不全面的。在充分了解建筑遗产之后，人们将对建筑遗产产生整体认识，这是总体的和感性的，对建筑的基于人的感受而形成的感悟，是较高层次的知觉认知。最高层级的表象认知并不是每个人都能达到，这需要人们通过抽象和想象，对建筑的文化做自我解读。

场所精神与场所认知的关系图如图 6－18 所示。

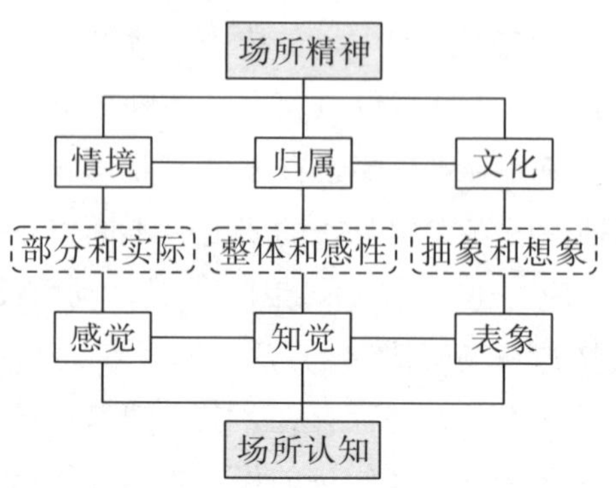

图 6－18　场所精神与场所认知的关系图

例如在建筑遗产旅游领域，游客消费建筑遗产旅游产品，其吸引力的核心是建筑遗产的场所精神，而非单纯的实体形态。人们愿意奔波千里去北京看长城，而不愿在本地参观与北京长城相差无几的“新长城”。所以，脱离了建筑遗产所在的环境也就毁灭了其场所精神，在异地新建的建筑即使实体形态完全一致，也只是一具“丢失了灵魂的躯壳”，不能勾起游客的旅游欲望。了解建筑遗产的场所精神与人们的场所认知之间的关系，可为建筑遗产的再利用奠定心理学基础。

4．场所精神下的建筑遗产再利用

（1）理清思维，更新保护观念和开发机制。

现阶段我国建筑遗产的利用存在“冻结式保护”和过度开发两种极端现象（励小捷，2013），这两种方式均不利于建筑遗产的保护与开发。前者容易使建筑遗产“陷入维修—空置—衰败—再维修的怪圈”①，难以发挥建筑遗产的社会功能，造成社会资源的极大浪费，对遗产本身的发展也无好处；后者则容易对建筑遗产造成不可逆的损坏，有悖于遗产保护精神与开发的初衷。

① 李佳霖．“再利用”为建筑遗产注入新活力——海峡两岸及港澳地区建筑遗产再利用研讨会综述［N］．中国文化报，2013－08－01．

从场所精神理论视角看，活化情境、体验归属和弘扬文化应成为建筑遗产再利用的三大要点和基本出发点。建筑遗产的开发应因地制宜，根据建筑遗产资源级别、功能特点、地理区位等，选择符合建筑遗产自身特色的再利用方式，避免“一刀切”的旅游式开发、会所式开发、展览式开发等。

长期盘踞在遗产管理者头脑中的另一个观念是“破旧必修”，认为建筑遗产的实体形态必须完整才能体现保护的意义。国际上对建筑遗产保护的基本准则是最大限度地保留建筑遗产的原有部分，尽量避免增添和拆除。如果建筑遗产外貌破败但尚未达到毁损的程度，我们只需尽量维护而非拆除复原。而某些建筑遗产的破败本身就具有重大的历史价值，如圆明园遗址。对于建筑遗产维持、修复或重建的评价标准及其可利用性，有学者已经做了深入研究（查群，2000），可供建筑遗产再利用者参考。

（2）规避同质化，重视建筑情境原真性的表达。

情境是建筑遗产场所精神的第一标志，是最容易被人认知、理解和改变的建筑元素。在建筑遗产开发过程中，“千城一面”“外异里同”现象的根源在于没有深入挖掘建筑的原生情境。凯文·林奇所说的意象的“可识别性”，除了主体形态的可识别，还有建筑情境的可识别。被改变了原生情境的建筑遗产，即便外表没有异样，其精神内核却早已面目全非。如北京多个清王府被私下改造为高端会所，严重脱离了建筑遗产本身的情境，这种对建筑遗产场所精神的破坏，隐蔽而堂皇，实则与破坏建筑的实体形态同样严重。

所谓重视建筑情境的原真性，并非单纯因循守旧，而是有序传承。有条件的建筑遗产可以继续发挥原有功能，如都江堰世界文化遗产。没有条件的，也可以在保持原有功能运行轨迹的前提下，与其他功能相结合，发挥保护与再利用的双重作用，如会馆遗产可与展览功能结合，也可与旅游功能结合。需要注意的是，

我们强调原生情境的保护，并非要求严苛地按照建筑遗产最初修建的目的复原，而是可在其原生功能的基础上适当衍生其他功能，但其出发点应是展示或延续原有功能，如开发历史民居类建筑遗产的住宿接待功能。

（3）减少特化，将文化打造成为建筑遗产的“体外器官”。

文化可以让人类在千万年的环境变迁中保持稳定性，不必像其他物种那样必须通过改变自身结构去适应环境，进而导致过度适应（特化现象），在环境巨变后毁灭自身，因此人类学家将文化视为人类的“体外器官”。现在留存下来的建筑遗产，要么本身拥有强烈鲜明的文化特色，要么不断得到人们对其文化的有意识延续，这才使得建筑遗产在纷杂险恶的历史事件中幸存。深入挖掘建筑遗产的场所精神，特别是其中的文化元素，将其打造成为建筑的“体外器官”，可在保持文化传承的情况下实现建筑遗产的再利用。

建筑遗产文化元素的保护和表达，依托于情境的一致性和归属感的回归。营造建筑遗产的真实历史情境，要求建筑遗产的衍生功能始终围绕原生功能，不可脱离过远。归属感的培养则要求在整体上把握游客的情感和认知。建筑遗产文化元素的表达系统则是在前两者的基础之上，通过立体多样的文化符号构建起来的。如山西的乔家大院、王家大院等建筑遗产，通过严格保护原生情境（主要为居住情境，衍生的旅游功能源于此情境，并未脱离），使游客在参观过程中不断接受文化教育，仿佛回到数百年前的繁华大院，由此产生强烈的归属感。建筑遗产不需要改变自身的实体形态，即可满足不同时代和不同游客的要求，起到良好的“体外器官”作用。

（4）强调和谐，构建顺畅的场所精神与场所认知途径。

如前文所述，建筑遗产与场所认知有其内在联系。建筑遗产要营造原真的情境、强烈的归属和独特的文化，其目的之一是让使用者能够体验建筑遗产真实的场所精神。这就要求建筑遗产管理与开发部门从场所精神和顾客需求的双重视角出发，理顺场所精神各要素与使用者认知之间的关系，使其能够满足使用者不同的心理需要，并在此基础上实现合理规划、科学开发，达到保护实体形态、延续场所精神与满足使用需求等多重目标。

从更广层面上看，场所精神的教育并非仅仅针对使用建筑遗产的人，而是面向社会公众，使其成为遗产保护教育的重要组成部分。与公众对建筑遗产实体形态的认知程度相比，建筑遗产的场所精神在公众头脑中是模糊的。这一方面与公众认知偏好有关，更深层面上是由于有关部门未认清和重视遗产的场所精神，更不用说将其准确地对外传达。这就要求我们在全社会培养并广泛宣传基于场所精神的建筑遗产保护观念，让社会公众真正在体验建筑遗产的衍生功能时做到对其细心保护，实现建筑遗产的可持续发展。

5．场所精神视角下的桃坪羌寨实证研究

桃坪羌寨位于四川省理县杂谷脑河畔，是世界上保存最完整的羌族建筑，至今仍然保持着古朴风情的原始羌族村寨，被称为神秘的“东方古堡”。羌族历史悠久，文化遗存丰富。《说文·羊部》载“羌，西戎牧羊人也，从人从羊，羊亦声”。“羌”是甲骨文中唯一记载的民族称号。作为“九黄线”上的重要节点，桃坪羌寨一直是游客体验羌族文化的最佳去处。2008 年汶川地震中桃坪羌寨受到严重破坏，后期修复过程中严格遵循了古建筑修复的技术要求，关注建筑遗产的实体形态和场所精神的双重修复，使得羌族建筑遗产的场所精神得到最大限度的保存与弘扬。对场所精神有意识的保护，对桃坪羌寨再利用起到了良好的指导作用，使得桃坪羌寨保持了鲜明的特色，这也为亚旅游目的地如何在竞争中保持优势提供了借鉴。

羌族聚居的生态环境既反映了羌人对自然的亲和、依存与利

用，也是羌人自我精神活动的物化塑造①。在桃坪羌寨的建筑修复和旅游开发过程中，具有代表意义的主要院落中仍有原住民居住，保留着羌族民居传统的建筑布局、功能分区、生活设施等，房屋内供奉有羌族的白石神，房屋主人居住其中并直接与游客对话，游客进入后没有违和感，可以真实感受羌族的生活情境。游客前往桃坪羌寨参观的主要目的，就是感受真实的羌族生活情境，羌寨的旅游功能由此产生，并促使当地居民有意识地严格保护其原生情境。

在桃坪羌寨的总体布局中，政府在汶川地震后修建了羌寨新城，紧接旧寨，在功能上作为羌寨的游客接待区，引入了餐饮、住宿、纪念品商店等现代商业设施。桃坪羌寨依然保留着传统的民居布局，石板路、古井、碉楼、院落等遗存保留完好，兼具气温调节、消防、逃生等功能的古老供水系统仍然能够运作。桃坪羌寨核心区域内禁止商业进入，羌寨广场定时举办羌族歌舞表演，总体建筑原貌保持良好。穿梭其间，凭栏远眺，游客可产生强烈的历史归属感。

桃坪羌寨在旅游开发中完好地保存了羌族的石墙、碉楼、街道、屋顶通道等建筑文化符号，羊图腾和白石神崇拜在羌寨中随处可见，羌笛、羌绣、云云鞋被开发为独具特色的旅游纪念品。石头寨、人、自然的共生共融，形成了羌族村落生态特有的文化象征和氛围（黄有柱，2005），打造并传达出独具特色的羌族建筑遗产的场所文化。桃坪羌寨浓郁的羌族文化底蕴和氛围，促使国内诸多机构呼吁对其进行深入研究和保护，旅游者的进入又对当地居民保护本民族文化起到良好的刺激作用，文化自觉不断得到强化。以桃坪羌寨为载体的羌族文化，能在异族文化的冲击下保持独立，场所精神的文化元素在其中起到了关键的“体外器

---

① 黄有柱，曹起良．“东方古堡”桃坪羌寨［J］．地图，2005（4）：60－67．

官”作用。

建筑遗产的保护与开发是一个长期的过程，随着人们对文化遗产事业的关注不断加大，建筑遗产的再利用也将面临越来越严峻的考验。从过去来看，人们关注建筑遗产实体形态远胜于关注其场所精神，而后者恰恰是建筑遗产的灵魂和得以存在的原因。科学的建筑遗产再利用依赖于人们对其场所精神的准确提炼、认知和运用，场所精神的情境、归属和文化三要素的互相作用，是保持建筑场所精神有效的内部机制，为我们重新利用建筑遗产提供了新的维度和视角。

案例 6-3　景阳冈武松文化园的转型升级策略

一、案例背景

景阳冈位于山东省聊城阳谷县城东（偏南）16 公里的张秋镇境内，传说为《水浒传》中描述的武松打虎处。景阳冈总占地面积 33.3 公顷，主要景点有三碗不过冈酒店、乡民告示处、县衙告示处、山神庙、武松打虎处、石碑、虎啸亭、武松庙等二十余处。景阳冈于 2010 年被评为国家 4A 级景区，但在山东省区域范围内处于亚旅游目的地状态，并非游客的首选旅游地。

二、景阳冈武松文化园发展条件研判

（一）三大优势

1. 天时

从全国背景看，旅游投资、消费两旺，逆势上行，旅游业供给侧改革，推动文化旅游快速发展。从山东省的背景看，“水浒故里”是山东省十大文化旅游目的地品牌之一，是继全国首个省级旅游品牌“好客山东”之后，山东省旅游局重点打造的文化旅游品牌项目。品牌定位为以梁山、郓城、阳谷、东平等为主体，“忠、义、侠、武”为内涵的水浒文化旅游目的地，景阳冈正处

于水浒文化旅游线的重要节点。从聊城市的背景看，“十三五”期间聊城将建设旅游项目 60 个，总投资 1300 亿元。从 2015 年起的 3 年内，每个县（区）、市属开发区每年建设 1 个年接待量超过 10 万人次的综合旅游项目和 1 个超过 5 万人次的乡村旅游项目。景阳冈武松文化旅游区承接国家大力推进文化旅游发展、省市政府全力支持旅游业和水浒文化旅游品牌之天时，东风助力，大有可为。

2. 地利

在地理区位方面，景阳冈北距聊城市区 50 公里，西距阳谷县城 18 公里。在交通区位方面，游客经 S1 济聊高速，S39 德商高速，省道 S324、S101 均可抵达景阳冈。在旅游区位方面，景阳冈地处山东水浒文化核心地区阳谷县和文化大镇张秋镇，毗邻京杭大运河。因此从区位交通条件看，景阳冈地处水浒文化旅游热点区域，区位交通条件较好，能够便利地与梁山县、郓城县等周边县（市）联通，为旅游地转型升级提供了良好的基础条件。

3. 人和

《水浒传》为四大名著之一，电视剧、电影、新闻宣传等不断营销水浒故事，武松是其中最为人熟知、个性鲜明的水浒人物之一，媒体和民众将其塑造成忠勇仁义之士，大大提升了武松的知名度和美誉度。武松打虎、武松醉打蒋门神等故事入选多地中小学课本，让武松的形象深入人心，妇孺皆知。景阳冈是武松打虎故事发生地，为武松成名之地，是水浒文化中必不可少的一环。景区可借助武松在客源市场的知名度，提高自身的形象认知。

（二）两大挑战

1. 资源品级丰度

水浒文化资源在景阳冈周边地区数量多、级别高、分布广，竞争激烈，梁山泊等地自然资源与水浒文化资源的组合度更好。

景阳冈需依托景区良好的生态环境及周边用地，深入挖掘武松的生平历史和文化故事才可从中占据优势。

2. 资源—产品转化

目前景阳冈的游览项目仍停留在观光层面，可参与的娱乐项目匮乏。如何将武松文化资源转化为市场接受度高的旅游产品，引资、富民、强镇、名县，是景区开发的重点，也是难点。

三、景阳冈景区定位：武松文化体验与休闲旅游目的地

景阳冈应依托景区良好的生态资源和丰富的武松文化遗存，充分发挥项目地的区位交通优势，打造山东水浒旅游线路上武松文化的集中体验和展示地、“水浒故里”品牌的支撑项目，并配套主题小镇、旅游演出、田园养生、温泉疗养等多种旅游产品。

四、景阳冈景区转型升级策略

（一）拓展景阳冈景区范围，延展游客停留空间

景阳冈应以现有景区为中心，向西、向东拓展景区范围，拉大景区骨架，丰富水上活动，进而可在更广阔空间布局旅游项目，优化游客旅游体验，延长游客停留时间。

（二）以武松打虎为重心，全面展示武松故事

景阳冈现有景点文化脉络不清，无法引导游客深入体验武松文化。后期建设应以武松打虎故事为重心，整合水浒传中武松多个故事情节，如大闹快活林、醉打蒋门神、血刃潘金莲、斗杀西门庆、除恶蜈蚣岭、入伙二龙山、归隐六合寺等，挖掘水浒传中与武松有关的文化元素，作为建筑命名、项目策划、活动设计的元素，将景阳冈打造为武松故事的集中展示地和游客体验地。

（三）以武松文化为核心，联合展现水浒文化

在集中展示武松文化的同时，景阳冈景区还应结合阳谷县、郓城县、梁山县等其他水浒文化景点的产品，形成以武松为轴心串联起来的水浒故事与文化脉络，形成差异化的水浒文化旅游景区。

（四）做好“资源—产品”转换，优化景区产品结构

通过活化资源，创新性设计文化旅游产品，景阳冈可将武松的知名度转化为游客出游的动力。如以景区、建筑、街区、村落等为空间，植入多种参与性活动和演艺演出产品，将武松故事转化为旅游产品；创造精致的水浒文化景观、武松主题旅游商品，将《水浒传》中关于武松的文字描述转化为精致化的视觉景观，形成摄影热点和媒体焦点。

二、古镇型亚旅游目的地的转型升级

（一）古镇型亚旅游目的地概述

古镇是世界范围内广受欢迎的文化旅游目的地，奥地利哈尔施塔特、加拿大魁北克、中国乌镇等，游客青睐有加。古镇既是居民日常生活居住地，也是游客游览消费地，生活空间与旅游空间交叉融合，构成独特的目的地形态。游客在其中既可体验原味十足的地方文化，也可放松身心，寻求“诗意的栖居地”。

古镇旅游开发难度相对较低，只要保存有相对完好的建筑和街巷空间，拥有一定的建筑文化遗产，周边游客自然慕名而来。因此在大多数中大型城市周边均存在一定数量的古镇旅游地，我国南方古镇数量尤为突出。由于内外部发展条件限制，在诸多知名的主流古镇旅游目的地之外，大批古镇处于亚旅游目的地状态。外地游客抵达某区域后并不会优先选择该类古镇作为旅游目的地，而仅作为顺访地，若时间有限则可能取消游览计划。

从现实调研和已有研究成果看，古镇型亚旅游目的地总体表现出三个特征：一是古镇规模较小，游客游览时间短，往往 1～2 小时即可游览完毕，不足以支撑古镇成为主流旅游目的地。在长江三峡黄金游线中，大昌古镇、白帝城均属于此类目的地。二是古镇营销薄弱，形象模糊。此类古镇并未将旅游业作为主导产业，仍处于社区生活主导阶段，旅游运营能力较弱、营销力不足导致形象模糊，游客无法清晰认知，自然不会将其作为首选旅游地，如重庆市永川区的松溉古镇。三是古镇开发不足，大多数古镇业态仍以居民生活业态为主，缺乏游客偏好的旅游业态和旅游服务设施，导致游客抵达后居无住所、食无餐厅、如厕困难、停车不便，即便古镇拥有较高等级的旅游资源，也难以形成主流旅游目的地。

（二）从亚旅游目的地到主流旅游目的地：洛带古镇转型升级研究

1. 洛带古镇简介

洛带古镇地处成都市龙泉驿境内，是四川省古镇旅游发展较好、知名度较高的古镇之一。洛带古镇紧紧围绕客家文化、建筑特色、生活方式，开发旅游产品，打造旅游形象，是四川客家聚集区的典型代表。景区包含古镇核心保护区、金龙湖景区和宝胜村客家原生态村落。镇内85%以上属客家人或客家移民后裔。从游客人数和旅游收入角度看，洛带古镇正处于发展中的生命旺盛期；同时，也面临旅游产品类型单一、游客注意力容易转移、同类景区竞争等多方面问题。

2. 洛带古镇发展瓶颈分析

（1）旅游产品同质化程度高。

与洛带古镇齐名的四川名镇有平乐古镇和黄龙溪古镇，三个古镇拥有不同的形象定位。平乐古镇素以“秦汉文化·川西水乡”风情著称，黄龙溪古镇主打“农家小调·滨江风情”，洛带古镇则侧重对“客家文化·休闲街区”的打造。从旅游形象角度看，三个知名古镇风格各异，各有千秋。

2016年初，笔者分别赴三个古镇进行实地考察，特别是针对旅游产品的设计和开发进行了深入调研。从旅游产品类型和特色来看，三个古镇存在较大相似性，见表6-20。

表 6－20　三大古镇对比

古镇名称	业态类型	旅游产品	特色产品
洛带古镇	传统工艺、民间工艺、特色餐饮、风味小吃、中医保健、客家院落、水吧、咖啡馆、川味茶坊等	古玩、书画、制陶、金银、玉石、四川小吃等	伤心凉粉、状元蚕丝被、客家菜等
平乐古镇	主题会馆、传统工艺、四川特产、休闲餐饮、川味茶坊等	竹编、烫画、制陶、休闲饮品、四川小吃等	贡茶、腊肉、豆腐乳等
黄龙溪古镇	农家乐、川味茶坊、河滨餐饮、传统工艺、四川特产等	手工艺品、农家土特产、休闲饮品、四川小吃等	生态美食、古镇小吃等

从表 6－20 可知，四川小吃、特产、手工艺品、茶坊或休闲餐饮成为三大古镇典型和主要的商业业态，游客前往三个古镇所看、所感、所吃、所住均大同小异，旅游体验相似。

（2）旅游产品开发与本地文化结合度不高。

由于商业业态同质化和古镇商业化趋势，在知名度越来越高、游客数量呈上涨趋势的洛带古镇，其旅游产品吸引力却日渐下滑。其中一个主要原因就是旅游产品与客家文化的结合度不大，旅游产品呈现出四川特色，但缺乏客家文化特征，这也是旅游产品与四川其他古镇容易同类化的根本原因。

（3）规划水平超前，管理水平落后。

洛带古镇从一个不知名、缺乏统一规划的成都偏远小镇，到如今国内知名、年游客人次超过百万人次的古镇，其科学的旅游规划和开发是成功吸引游客的关键因素。随着游客人数的增加以及对古镇期望值的上升，洛带古镇面临新一轮的科学规划和统一管理。从古镇环境、业态布局、产业链等环节看，洛带古镇的管理水平仍待进一步提高。

3. 洛带古镇转型升级对策研究

洛带古镇具有典型的亚旅游目的地特点，较容易受同类旅游目的地的形象遮蔽。因此，洛带古镇的可持续发展必须尽力在更新旅游产品体系、扩大产品内涵方面深入挖掘。古镇的转型升级可从两方面进行：一是客家文化，二是古镇历史。

（1）客家文化与古镇业态的深层次融合。

以古镇业态现状看，多是对会馆文化、节庆文化、建筑特色的包装和开发。如广东会馆、湖广会馆、江西会馆、川北会馆，特色节庆有“水龙节”“火龙节”等。客家文化博大精深，除了节庆、会馆、建筑文化，还包括客家风俗、客家历史、神话传说等。厚重多样的客家文化可以赋予洛带古镇巨大的开发潜力。对客家文化的全面挖掘，并将其渗透到食、住、行、游、购、娱、育多角度的游客体验中，能够改变游客对古镇商业业态的原始认知，即从单纯的“赚钱布局”向兼具商业功能与精神体验、文化感知方面延伸，实现客家文化与古镇业态布局的深层次、宽范围融合。

（2）民族迁移史与古镇形象的多角度叠加。

谈到客家文化的发展不得不提的是民族迁移史，而这是周边其他古镇都不具备的独特之处。因此，对民族迁移史的挖掘和展示，应当成为洛带古镇对外宣传的重要名片之一。由于开发商对商业开发的重视，这部分历史内涵的挖掘显得比较薄弱，仅仅体现在古镇内的会馆建设中。此外，对客家人民迁移史比较了解的人群也局限于客家人或当时“湖广填四川”的后人。由于古镇建设开发对民族迁移史的忽略，游客对这方面的了解甚少。随着洛带古镇知名度的提升和同类型古镇的发展，客源市场将对古镇旅游要求越来越苛刻，特别是在古镇内涵的体验方面。因此，深藏在洛带古镇的民族迁移史，可以为古镇形象的进一步升级注入新鲜活力。历史是最具有厚重感和文化感的载体，古镇的“古”需

要融入独特的历史元素，才能求同存异，在竞争者中脱颖而出。

三、茶文化亚旅游目的地的转型升级

现代城市休闲空间的扩展与居民休闲需求的增长，促进了人们休闲方式的多样化。休闲与休闲产业已经成为促进城市经济飞速发展的重要动力。随着人们生活水平的逐步提高，休闲不再仅仅局限于对某一物质或事物的使用和占有，而是追求隐藏在这一物质或事物表面下的内涵，这种内涵也许是一段历史、一个传说、一个扑朔迷离的未解之谜，也许是一段记忆。因此，当今社会的经济消费必将逐渐摆脱单纯的物质消费，而更倾向于文化消费和精神消费。茶文化旅游的蓬勃发展，正是因为其适应了人们休闲需求和消费习惯的变化，成为茶资源富集区开发旅游业的重要方向之一。

（一）茶文化与休闲概述

1. 中国茶文化与休闲

我国是茶叶种植的发源地，最早在神农时代（约在公元前2737年）茶已经作为一种解毒之药被发现并且记载在《神农本草经》中。据《华阳国志》记载，早在周武王伐纣之时，巴蜀地区的“茶、蜜、灵龟……皆纳贡”，茶已经成为国家的重要物资。至唐代，“茶圣”陆羽在其传世巨著《茶经》中对茶的发展做出以下概述：

“茶之为饮，发乎神农氏，闻于鲁周公，齐有晏婴，汉有扬雄、司马相如，吴有韦曜，晋有刘琨、张载、远祖纳、谢安、左思之徒，皆饮焉。”

可见，茶作为中华民族悠久历史的重要载体之一，有着深厚的文化底蕴和历史内涵，茶文化也因此带有典型的中国文化印记。中国的茶道讲究“廉、美、和、敬”，这与中国儒家思想的

“仁、义、礼、智、信”有异曲同工之妙。中国人自古将茶与“琴、棋、书、画、诗、酒、花”并肩而论，将其作为日常休闲生活必需品之一。文人以茶抒情，隐士以茶喻清，士人以茶敬友，农夫以茶解乏，一杯清茗，半世人生。

纵观中华民族发展历程，最能与人们的休闲生活紧密联系在一起的活动莫过于煮茶、赏茶、品茶、论茶，以及与之相生相宜的茶艺和茶道。中国各民族几乎都有其喜爱与偏好的茶品，茶与茶文化代表了中国休闲文化的最初形态，是中国人休闲生活的重要组成部分。

2. 西方茶文化与休闲

西方的休闲学起源于哲学，他们的视角从一开始就更倾向于理性思考。从著名的哲学家亚里士多德提出“休闲是一切社会事物围绕的中心”“只有休闲的人才是幸福的”，到通过休闲现象探索人的休闲问题，再到后来转向从人类生态学、城市规划学的角度来探讨休闲与休闲产业，西方学者研究休闲已有上千年的历史。西方茶文化也从实用角度折射并阐释了西方休闲哲学，即休闲是人人可以平等享受的生活方式，在品茶、用茶过程中讨论工作与生活，这样的放松与闲适，正契合西方人随意自由的生活理念。

实际上，茶叶最初是在 17 世纪中期，由东印度公司向英王进贡而被引入欧洲的，随即引发了当时皇室贵族对茶叶这种外来饮品的好奇和喜爱，并且激发了众多西方探险家对中国的探险热情。但是直到两个世纪后，由于战争等原因，欧洲才逐渐认识了中国茶树的种植过程和栽培工具。可见，在西方国家，茶最初是作为一种奢侈品出现的，是上层社会休闲的独享物品。20 世纪初期，由于欧洲茶园的规模化种植及茶叶贸易的兴盛，茶才逐渐走入西方国家人民的日常生活，使得人们在工作之余、闲暇之时能够享受茶带给他们的轻松和惬意。

值得注意的是，与中国茶文化追求自然相比，西方茶文化则更讲究规律与标准。如中国人以紫砂壶为茶具上品，而西方人则喜好豪华瓷器（甚至不锈钢茶具）；中国人偏好新鲜绿茶，而西方人则喜好经发酵加工的红茶；中国人饮茶不循时段，随性而行，而西方人则将饮茶分为早茶、午茶、晚茶等。虽有如上诸多不同，但中西方在茶饮之余所体会的惬意与闲适，却表现出共有性。

如今，茶作为世界三大饮品之一，在人们的日常生活中已经具有了举足轻重的作用，特别是在旅游业和休闲业蒸蒸日上的现代社会，茶与茶文化正在成为各大城市和旅游景区竞相追逐的热点。如何在具有茶资源潜力的城市或旅游景区聚焦茶文化，做大做强茶产业，为目的地带来良好的社会效益、经济效益与环境效益，应成为我们认真思考的问题。

（二）中国茶文化旅游发展模式研究

茶文化的概念有广义与狭义之分。从狭义上讲，茶文化包括茶叶品评技法、艺术操作手段的鉴赏、品茗美好环境的领略等整个品茶过程的美好意境。其过程的体现形式和精神的相互统一，是饮茶活动过程中所形成的一系列文化现象的总和。

茶文化作为中国文化的重要组成部分之一，具有悠久的历史，但茶文化旅游作为现代旅游活动的一种形式，其开发与发展仅有短短数十年。纵观我国比较成功的茶文化旅游发展模式，主要集中在以下三个方面：

1. 结合自然生态，发展观光型茶文化农业旅游

由于茶树的种植与休闲农业和生态环境密不可分，我国最常见的茶文化旅游发展模式还属以观光为主的生态旅游，这也表明我国茶文化旅游发展还处于初步探索阶段。现代中国茶文化旅游发展最早、与休闲观光结合最为成功的地区当属杭州。“龙井茶，虎跑水”为杭州赢得了中国茶都的美名，也构筑起杭州人的生活

重心。无论是周末休闲还是节日长假，赏茶园、游农家、享茶情将杭州农业旅游与城市休闲紧紧结合在了一起，龙井茶在成为杭州休闲城市名片的同时，也打开了对外宣传城市的窗口。作为中国的休闲之都，杭州的山水风光与人们的休闲生活方式结合得恰到好处，茶旅游的兴起和发展为当地休闲农业和旅游业的融合找到了突破口，这是依托茶资源发展观光型农业旅游的必要条件。

2. 利用现代技术，开展科普教育型茶文化旅游

随着“生态农业科普教育示范村”“全国农业旅游示范基地”等示范点的争相建设，茶文化旅游的发展得到了政府的大力支持和政策保障，利用现代科学技术提高茶叶生产环境和质量，开放式地向游客展示茶叶制作过程成为一些茶文化旅游地的特色项目之一。游客在旅游或休闲过程中了解茶文化，这是广东、广西及深圳地区常见的茶文化旅游发展模式。如广西桂林市雁山生态茶文化科普教育基地和重庆永川区正在投资建设的茶文化博物馆，就是以教育为目的向世人展示各种茶叶的生产、制作、包装、销售过程，同时，还是当地对外交流茶树种植的学术平台。利用现代技术开发茶文化旅游的发展模式在提高茶叶产量、提高旅游知名度方面取得了很大的积极效应。

3. 融合地方特色，打造参与型购物茶文化旅游

茶作为一种有形旅游资源，开发的初衷是实现旅游地经济效益、环境效益与社会效益的统一。所以，成本较低、资金回收较快、参与性较强的购物旅游成为一些小型茶商首选的开发模式。如北京著名的商业特色街——马连道，拥有六大茶系的数万种茶叶以及各种紫砂茶具，茶文化成为贯穿这条商业街的主线，其独特的茶文化气息成为外地人了解北京商业的窗口。将茶园体验游、古茶具展示等茶文化资源融入当地旅游，已成为带动地方经济发展最为直接的模式。与此同时，大型茶叶产业化龙头企业还通过开发参与型购物旅游活动，实现茶产品的就地销售，扩大产

品销量，提升企业知名度。

由于以上三种模式针对的客源市场的差异和其本身旅游吸引物类型不同，不同的茶文化旅游模式对当地经济效益、社会效益、环境效益的影响也大相径庭。通过对典型茶文化旅游地的调查分析，总结如下（表6—21）：

表6—21　三种典型茶文化旅游地的调查分析

典型茶文化旅游地	经济效益	社会效益	环境效益	主要客源
西湖龙井茶基地	★★★★★	★★★★	★★★★	国内外游客
雁山茶文化基地	★★★★	★★★	★★★	广西及周边地区
北京马连道	★★★★	★★★	★★	国内游客

表6—21说明我国茶文化旅游发展模式还处于起步阶段，三种主流模式向我们展示了其发展过程中对经济、社会、环境的影响。如何规避和尽量缩小茶文化旅游发展所带来的负面影响，最大化其积极效应？笔者认为综合以上三种模式的优劣，进行资源的整合和利用，是茶文化旅游走向繁荣的必经之路。

（三）茶文化亚旅游目的地的转型升级——以重庆市永川区为例

重庆市永川区地处重庆西部，自然生态环境良好，拥有茶田3.5万亩，其中连片的茶园有近2万亩，号称全亚洲最大的“连片茶园”。境内有茶山竹海、松溉古镇等风景名胜，出产的永川秀芽闻名中外，是重庆为数不多的优质茶叶产地。近年来，永川区依托茶山竹海景区，大力开发茶文化旅游，重点打造以“茶竹永川”为主题形象的城市品牌，在重庆各区县中形成了独特的旅游目的地形象。

然而，以茶文化为主轴发展旅游业和休闲业好比一把双刃剑，合理地规划和开发会使得当地居民及相关企业受益匪浅，相反，不当的开发和使用将会使当地旅游业发展出现瓶颈，给旅游环境和农业生产带来一定的负面影响。总体上看，目前永川茶竹文化旅游尚处于初开发阶段，茶文化旅游环境的原生态性保存良好，但茶文化产品特别是品牌产品存在空白。如何在未来旅游开发中保护和保持良好的茶生态，打造特色茶文化休闲产品，是我们关注和探讨的焦点。

1. 整合乡村休闲与茶文化资源，打造休闲型茶文化旅游产品

茶文化旅游项目属于农业旅游与观光旅游相结合的一种新兴旅游形式。茶叶产地一般地处乡村，拥有良好的生态环境，这就为生态环境、茶文化与乡土文化等休闲资源的整合重组提供了契机，为茶文化旅游与农家乐等乡村生态休闲活动的结合提供了条件。如永川茶山竹海景区就拥有非常优质的生态资源，具有依托茶山竹海开发生态休闲度假的资源基础，在未来开发中应充分依托当地原有的田园风光和农家风情，深入开发茶竹文化，以茶竹文化为内核，打造依托乡村与生态景区的休闲型茶文化旅游产品，将茶竹生态休闲度假做到极致，形成“茶”“农”“1+1>2”的叠加效应。

2. 培育茶产业龙头企业，构建完整的茶产业链条

要做强做大永川茶旅游文化，必须形成完整的茶产业链条。即从茶树种植与培育，到茶叶的生产与加工，再到茶产品的包装和出售等各个环节，都与当地旅游业紧密结合，在弱化旅游淡季给当地经济带来影响的同时，强化茶文化旅游的主体地位。如在茶树的种植和培育阶段可适时地开展科普教育旅游，使得教育与休闲同步发展；还可选择性地开放茶叶制作过程和选材方法等，提高游客的参与度，延长游客在旅游地的停留时间，从而带动当地其他产业的发展。需要注意的是，上述活动的顺利开展必须建立在完整的茶产业链条上，而茶产业链条的构建则需要多个农业产业化龙头企业带动，即通过依托知名企业开展茶种植、茶加工、茶产品旅游，拉伸茶产品产业链条，最终带动周边乡村经济的整体发展。

3. 合理定位城市功能，丰富茶文化旅游产品体系

永川地处重庆西部近郊，处于重庆主城“一小时经济圈”，是重庆西部中心城市。良好的生态环境、便利的交通条件、较强的经济基础，为永川打造重庆休闲产业高地提供了条件。因此，永川区的城市功能应定位为“重庆休闲产业中心”和“茶竹养生休闲基地”，以“茶竹永川，休闲天地”为品牌形象，着力打造品牌景区和拳头产品，最终形成以茶山竹海为核心的生态度假片区、以重庆野生动物世界为核心的休闲娱乐片区、以松溉古镇为核心的古镇观光片区和以石笋山为核心的山地探险片区四大旅游区，构建永川以茶竹文化旅游产品为主，集休闲、观光、度假、探险于一体的旅游产品体系，丰富永川茶竹旅游产品内容，实现永川区旅游业的均衡发展。

4. 提高经营者的素质与能力，扩展茶文化旅游产业惠及面

永川区茶叶种植存在“散、小、弱”的问题，茶农从事基础的原材料生产工作，缺乏横向产品扩展的意识与能力。实际上，由于茶叶生长环境的特殊性，农民在开展茶文化旅游和乡村休闲活动中能够扮演重要角色，为游客带来最原汁原味的茶文化旅游体验。农民应成为开展现代茶文化旅游的主体之一，农民素质的高低直接决定着茶文化旅游产品的质量。在未来茶文化旅游开发中，由政府牵头，引导企业进行规模化种植，加大农村基础设施的发展力度，将茶农真正纳入茶文化旅游开发和发展的受益群体中，才能保障永川茶文化旅游实现可持续发展。与此同时，茶文化旅游吸引农民加入经营管理，还能够拓宽当地农民的就业渠道，实现农民就地市民化，缓解城市人口压力，促进“三农”问题的解决，这样茶文化旅游就从根本上带动当地经济发展。

作为休闲农业与旅游业的结合点，我国茶文化旅游的发展才刚刚拉开序幕，随着城市居民工作生活压力的增大以及人们休闲需求的改变，茶文化旅游的发展面临难得的历史机遇，同时也面

临着新一轮转型升级的挑战。在未来发展中，茶文化旅游将从更深更广的层面进行扩展，永川茶竹文化旅游也应摆脱现有产品结构单一、开发力度不够、文化挖掘不深的尴尬局面。完善永川茶文化旅游产业链，将茶文化旅游的开发与发展提升到城市经营的层面上，为永川旅游产业的转型升级奠定基础。

附　录

金花村田园综合体项目市场调查问卷

亚旅游目的地的转型升级需要依赖特色旅游产品和旅游精准营销，需要关注市场需求偏好并准确获取市场信息。在编制金花村田园综合体总体规划时，我们针对重庆市场做了详细的市场调查工作。以下为项目编制的市场调查问卷，可对读者理解和研究乡村亚旅游目的地有所帮助。

尊敬的女士/先生：

感谢您参与问卷调查，本问卷主要用于了解您的旅游情况和农产品需求。答案没有对错，请您按照您个人的看法和感受在合适的选项后的“____”内打“√”。本问卷采用匿名方式填写，严格保密。感谢您的配合，谢谢！

您的避暑旅游情况调查

1. 您和您的家庭每年在重庆周边（300 公里车程内）避暑出游大约多少次？

（1）1～3 次____；（2）4～6 次____；（3）7～10 次____；（4）10 次以上____

2. 您外出避暑旅游一般停留多少天？

（1）当天往返______；（2）停留两天（住宿 1 晚）______；（3）停留 3 天（住宿 2 晚）____；（4）停留 4 天及以上____

3. 您经常选择的出游形式是什么？

（1）自驾出游______；（2）乘坐公共交通工具出游______；（3）跟随旅行团出游____

4. 您避暑出游的人数一般是几人？

（1）个人自由行____；（2）二人出游____；（3）三口之家出游____；（4）四世同堂出游____；（5）与朋友多人出游____

5. 您喜欢什么类型的避暑旅游目的地？（可多选）

（1）海滨____；（2）乡村____；（3）森林____；（4）山地____；（5）主题公园____；（6）其他____

6. 您避暑度假喜欢参与的活动有哪些？（可多选）

（1）农耕体验____；（2）购买土特产____；（3）运动____；（4）亲子活动____；（5）品尝美食____；（6）美容养生____；（7）其他____

7. 您对以下旅游产品的喜欢程度是怎样的？

	非常喜欢	喜欢	一般	不喜欢	非常不喜欢
主题家庭农场（番茄、草莓、向日葵、蓝莓等）	1	2	3	4	5
呱呱乐园（青蛙主题乐园）	1	2	3	4	5
萌宠乐园（小猪、小鸡、小鸭、小羊等宠物主题）	1	2	3	4	5
森林乐园（森林运动、植物科普等）	1	2	3	4	5

8. 您对以下旅游住宿的喜欢程度是怎样的？

	非常喜欢	喜欢	一般	不喜欢	非常不喜欢
农家客栈	1	2	3	4	5
特色主题民宿	1	2	3	4	5
帐篷露营	1	2	3	4	5
房车露营	1	2	3	4	5

续表

	非常喜欢	喜欢	一般	不喜欢	非常不喜欢
特色树屋	1	2	3	4	5
星空营地（透明气泡客房）	1	2	3	4	5
木屋营地	1	2	3	4	5

您的农产品消费情况调查

9. 您关注农产品的哪些特征？（可多选）

（1）绿色有机____；（2）价格____；（3）产地____；（4）品种____；（5）品牌____

10. 您购买有机、绿色、无公害类的农产品的意愿是否强烈？

（1）非常强烈____；（2）强烈____；（3）一般____；（4）不强烈____；（5）非常不强烈____

11. 您现在购买有机、绿色、无公害类农产品的主要渠道是什么？

（1）超市____；（2）网购____；（3）街边小店____；（4）专卖店____；（5）到乡村购买____

12. 您购买有机、绿色、无公害类产品的最主要顾虑是什么？

（1）买到假的____；（2）价格太贵____；（3）品质不高____

13. 您对定制类、知名农场、送货到家或认种认养类农产品的喜欢程度是怎样的？

（1）非常喜欢____；（2）喜欢____；（3）一般____；（4）不喜欢____；（5）非常不喜欢____

14. 您愿意购买或消费的有机绿色农产品包括哪些？（可多选）

（1）粮食类（稻米、玉米等）____；（2）蔬菜类（番茄、土豆、红薯等）____；（3）水果类（草莓、蓝莓等）____；（4）特色养殖类（娃娃鱼、石蛙等）____；（5）家禽类（土鸡、土鸭、土鹅等）____；（6）家畜类（猪、牛、羊等）____

15. 如果上述旅游项目位于重庆石柱县黄水镇（距离重庆主城区 3 小时车程范围），您是否愿意前往？

（1）不愿意____；（2）愿意____

16. 如果上述有机绿色农产品产自金科集团开发的农场，您是否愿意购买？

（1）不愿意____；（2）愿意____

17. 如果上述避暑旅游项目与有机农场结合开发，你是否愿意前往？

（1）不愿意____；（2）愿意____

18. 您在上述区域进行避暑度假活动，最关心的问题是什么？

（1）医疗____；（2）交通____；（3）环境卫生____；（4）多样的配套活动____；（5）住宿____；（6）餐饮____

19. 您在上述区域进行避暑度假活动后，是否愿意购买绿色有机农产品带回家中？

（1）不愿意____；（2）愿意____

20. 请问您愿意为上述避暑度假产品付出的人均住宿花费（每晚）是多少？

（1）100 元以下____；（2）101～150 元____；（3）150～200 元____；（4）200～300 元____；（5）300 元以上____

21. 请问您愿意在这样的度假区内付出的人均餐饮花费（每日）是多少？

（1）100 元以下____；（2）101～150 元____；（3）150～200 元____；（4）200～300 元____；（5）300 元以上____5

您的基本资料

22. 您的性别：（1）男____；（2）女____

23. 您的年龄：（1）25岁及以下____；（2）26～35岁____；（3）36～45岁____；（4）45～65岁____；（5）66岁以上____

24. 请问您的职业属于哪一类？

（1）公务员____；（2）企业管理人员____；（3）企业员工____；（4）私营业主____；（5）自由职业者____；（6）离退休人员____；（7）家庭主妇____；（8）学生____；（9）其他（请注明）____

25. 请问您的家庭月收入大约为多少？

（1）3000元以下________；（2）3001～6000元________；（3）6001～9000元____；（4）9001～12000元____；（5）12001～15000元____；（6）15001元以上____

参考文献

[1] 杨振之，陈谨. “形象遮蔽”与“形象叠加”的理论与实证研究［J］. 旅游学刊，2003，18（3）：62－67.

[2] 王衍用. 区域旅游开发战略研究的理论与实践［J］. 经济地理，1999（1）：116－119.

[3] 许春晓. 论旅游资源非优区的补偿类型与性质［J］. 湖南师范大学社会科学学报，2000，29（4）：67－71.

[4] 许春晓. 旅游资源非优区“依附式开发”论［J］. 旅游学刊，2005，20（1）：76.

[5] 许春晓.21世纪中国旅游地理学的新领域：旅游资源非优区研究［J］. 旅游学刊，2000，15（1）：59－62.

[6] 刘红梅. 处于阴影影响下的永州旅游发展策略［J］. 湖南第一师范学院学报，2006，6（1）：99－100.

[7] 朱立新. 中国当代的旅游演艺［J］. 社科纵横，2010，25（4）：96－99.

[8] 吴晓. 旅游展演与民间艺术审美主体的复杂性［J］. 青海民族大学学报，2010（6）：137－140.

[9] 刘明广. 旅游景区文艺表演的文化内涵和商业化运作［J］. 吉林省教育学院学报，2010，26（10）：43－44.

[10] 陆军. 实景主题：民族文化旅游开发的创新模式——以桂林阳朔“锦绣漓江·刘三姐歌圩”为例［J］. 旅游学刊，2006（3）：37－43.

[11] 徐红罡，田美容. 少数民族歌舞旅游产品管理模型初探——以贵

州黔东南苗族侗族为例［J］. 贵州民族研究，2004，24（2）:136－141.

［12］林翔，李菊霞. 我国发展会展旅游业的前景及策略初探［J］. 人文地理，2001，16（3）：49－50.

［13］陈新忠，冯顺琪，闫妍. 会展旅游概念之辨析［J］. 商场现代化，2007（49）：359－360.

［14］曹新向，李永文. 会展旅游发展研究［J］. 人文地理，2004，19（5）：11－14.

［15］许峰. 会展旅游的概念内涵与市场开发［J］. 旅游学刊，2002，17（4）：56－59.

［16］卞显红，黄震方. 我国会展旅游发展中的问题与对策探析［J］. 旅游科学，2001（1）：9－12.

［17］井晓鹏. 边缘效应与乡村旅游规划优化设计探讨——以临潼区乡村旅游规划实践为例［J］. 安徽农业科学，2011，39（1）：334－338.

［18］Erik Holm-Petersen. 乡村旅游与小城镇发展［J］. 旅游学刊，2011（12）：5－7.

［19］何景明. 成都市“农家乐”演变的案例研究——兼论我国城市郊区乡村旅游发展［J］. 旅游学刊，2005（6）：71－74.

［20］杨小英. 对成都发展乡村旅游的思考［J］. 旅游学刊，2006（5）：9－11.

［21］张翠丽. 从旅游者偏好探索青海乡村旅游的发展对策［J］. 特区经济，2010，8：174－175.

［22］宋雪茜，黄萍. 成都环城游憩带乡村旅游发展研究［J］. 特区经济，2007，3：204－205.

［23］宋子千. 以动态的眼光来看待乡村旅游的发展［J］. 旅游学刊，2011（11）：8－9.

［24］孙梅红. 我国乡村旅游的发展概况及创新性发展策略研究［J］. 安徽农业科学，2011（29）：18060－18062.

［25］杨振之. 前台、帷幕、后台——民族文化保护与旅游开发的新模式探索［J］. 民族研究，2006（2）：39－46.

［26］周坤. 城乡统筹与乡村旅游：乡村意象的保护与再造［J］. 商业

文化，2008（2）：189－190.

[27] 侯满平，董红梅. 旅游开发中典型土地利用问题及对策探讨[J]. 资源开发与市场，2007，23（9）：808－810.

[28] 白海军，徐海俊. 我国户籍制度改革发展现状及对策分析 [J]. 河北大学学报，2006，31（2）：51－54.

[29] 郭芹，刘盼. 我国户籍制度改革研究综述 [J]. 管理科学，2012（1）：114－115.

[30] 黄志亮，刘昌用. 户籍制度改革的重庆模式探索 [J]. 国家行政学院学报，2011（2）：90－94.

[31] 周坤，杨振之. 城乡统筹发展下城郊乡村旅游地的定位与转型[N]. 中国旅游报，2008－01－28.

[32] 王进，杨振之. 城郊乡村休闲新视点：田园养生产品的开发[N]. 中国旅游报，2009－06－14.

[33] 周坤. 基于户籍制度改革影响下的乡村旅游转型升级研究——以重庆市为例 [J]. 兰州学刊，2013（10）：200－202.

[34] 周坤. 旅游演出产品开发论纲 [J]. 重庆文理学院学报（社会科学版），2012，31（3）：79－81.

[35] 周坤. 会展旅游再辨析 [J]. 旅游纵览，2011（3）：125－126.

[36] 王进，周坤. 基于乡村旅游功能区构建角度的亚旅游目的地开发研究 [J]. 开发研究，2012（6）：107－110.

[37] 周坤，王进，颜珂. 亚旅游目的地城市旅游公共服务体系优化路径 [J]. 商业经济研究，2014（30）：115－117.

[38] 王进，周坤. 基于利益相关者理论的旅游地生命周期研究——以九寨沟为例 [J]. 首都经济贸易大学学报，2014（5）：109－113.

[39] 周坤，颜珂，王进. 场所精神重解：兼论建筑遗产的保护与再利用 [J]. 四川师范大学学报（社会科学版），2015（3）：67－72.

[40] 吴佩勋，陈右直，庄靖. 休闲俱乐部消费行为研究——以广东省为例 [J]. 旅游学刊，2007，22（3）：44－51.

[41] 杨国良. 城市居民休闲行为对娱乐业发展的影响研究——以成都为例 [J]. 人文地理，2003，18（3）：18－22.

[42] 杨振之. 我们时代的休闲经济与休闲生活 [J]. 旅游学刊, 2006, 21 (9): 7.

[43] 苗建军. 中心城市：休闲经济的空间视点 [J]. 自然辩证法研究, 2003, 19 (11): 73—78.

[44] 杨振之, 周坤. 也谈休闲城市与城市休闲 [J]. 旅游学刊, 2008, 23 (12): 51—57.

[45] 王进. 亚旅游目的地的理论与实证研究 [J]. 社会科学家, 2013 (3): 80—83.

[46] 程道品, 程瑾鹤, 肖婷婷. 旅游公共服务体系与旅游目的地满意度的结构关系研究——以桂林国家旅游综合改革试验区为例 [J]. 人文地理, 2011 (5): 111—116.

[47] 袁晓玲, 李娜, 王美霞. 对国际旅游目的地城市建设的探讨——以西安为例 [J]. 西安电子科技大学学报, 2006, 16 (3): 51—56.

[48] 邹统钎, 秦亚亚, 王小方. 旅游目的地城市竞争力评价模型研究——北京与上海竞争力比较 [J]. 旅游研究, 2011, 3 (2): 1—7.

[49] 肖福林. 如何提升旅游目的地城市运营的文化内涵——基于阳朔古城旅游体验的浅析 [J]. 建筑与文化, 2013 (2): 128—129.

[50] 颜珂, 王进. 我国西部地区亚旅游目的地升级与转型研究——以洛带古镇为例 [J]. 旅游纵览, 2013 (6): 57—58.

[51] 李爽, 黄福才. 城市旅游公共服务体系建设之系统思考 [J]. 旅游学刊, 2012, 27 (1): 7—9.

[52] 王信章. 旅游公共服务体系与旅游目的地建设 [J]. 旅游学刊, 2012, 27 (1): 6—7.

[53] 李晓. 苏州旅游公共服务体系构建实证研究——基于游客满意度视角 [J]. 江苏商论, 2012 (8): 118—120.

[54] 杨振之, 郭凌, 蔡克信. 度假研究引论——为海南国际旅游岛建设提供借鉴 [J]. 旅游学刊, 2010, 25 (9): 12—19.

[55] 蒋明康, 吴小敏. 自然保护区生态旅游开发与管理对策研究 [J]. 农村生态环境, 2000, 16 (3): 1—4.

[56] 刘琮晓, 林瑶. “场所精神”的延续——析历史建筑空间的再生

[J]. 中外建筑，2003 (3)：30－32.

[57] 阮仪三，李红艳. 原真性视角下的中国建筑遗产保护 [J]. 华中建筑，2008，26 (4)：144－148.

[58] 李新建，朱光亚. 中国建筑遗产保护对策 [J]. 新建筑，2003 (4)：38－40.

[59] 乔迅翔. 何谓“原状”？——对于中国建筑遗产保护原则的探讨 [J]. 建筑师，2004 (12)：30，101－103.

[60] 叶如棠. 城市的发展与建筑遗产的保护 [J]. 求是，2002 (7)：45－47.

[61] 李佳霖. “再利用”为建筑遗产注入新活力——海峡两岸及港澳地区建筑遗产再利用研讨会综述 [N]. 中国文化报，2013－08－01.

[62] 李韵. “再利用”让建筑遗产惠及民生——访文化部副部长、国家文物局局长励小捷 [N]. 光明日报，2013－07－24.

[63] 查群. 建筑遗产可利用性评估 [J]. 建筑学报，2000 (11)：48－51.

[64] 张宏磊，张捷. 中国传统文化景观体验的限制因素研究——以书法景观为例 [J]. 旅游学刊，2012 (7)：28－34.

[65] 何熙，周波. 进一步完善洛带古镇保护与开发规划的探讨 [J]. 山西建筑，2009，1 (3)：67－68.

[66] 朱松节. 洛带古镇旅游开发中的问题与对策 [J]. 成都大学学报，2006 (2)：107－109.

[67] 侯仲凯，何卓静. 茶文化与生态旅游可持续发展研究——以恩施州鹤峰县为例 [J]. 科技创业月刊，2009，22 (2)：150－151.

[68] 宋丁. 打造永川茶旅游的三大品牌 [J]. 特区经济，2006 (1)：176－178.

[69] 王进. 新土地政策下的农业现代化发展探析 [N]. 中国旅游报，2008－08－12.

[70] 董捷，沈国斐，卢静怡. 杭州茶文化旅游开发研究 [J]. 浙江旅游职业学院学报，2007 (1)：92－96.

[71] 张琳洁. 论我国茶文化旅游发展现状 [J]. 浙江树人大学学报

(人文社会科学版)，2007，33 (4)：183－186.

[72] 周坤，王进. 浅议我国生态休闲旅游开发现状及对策 [J]. 经营管理者，2009 (IX)：17.

[73] 王进. 动静结合，规划先行——论旅游度假区的度假氛围营造 [C]. 来也旅游策划，2016.

[74] 王进. 对旅游度假区夜游产品的几点建议 [C]. 来也旅游策划，2016.

[75] 王进，周坤. 城市群休闲旅游业发展的理论基础 [N]. 中国旅游报，2014－11－17.

[76] 王进. 乡愁，为美丽乡村增色添彩 [N]. 中国旅游报，2016－12－06.

[77] Alan March. Democratic dilemmas, planning and Ebenezer Howard's garden city [J]. Planning Perspectives, 2004, 19 (4): 409－433.

[78] Ritchie R J B. A framework for an industry supported destination marketing information system [J]. Tourism Management, 2002, 23 (5): 439－454.

[79] Haven T C, Jones E. Labor market and skills needs of the tourism and related sectors in Wales [J]. International Journal of Tourism Research, 2008, 10 (4): 353－363.

[80] Elsorady D A. Assessment of the compatibility of new uses for heritage buildings: The example of Alexandria National Museum, Alexandria, Egypt [J]. Journal of Cultural Heritage, 2014, 15 (5): 511－521.

[81] Meeker R T. Recalling the Aesthetic Spirit of Architecture [J]. Journal of Aesthetic Education, 1983, 17 (1): 93－98.

[82] John Lobell. The Act of Creation and the Spirit of a Place: A Holistic-Phenomenological Approach to Architecture-by Nili Portugali [J]. Journal of Architectural Education, 2010, 62 (2): 71－72.

[83] 杨振之，黄葵，周坤. 城乡统筹与乡村旅游 [M]. 北京：科学出版社，2010.

［84］李爽．旅游公共服务体系建构［M］．北京：经济管理出版社，2013.

［85］张建萍．生态旅游理论与实践［M］．北京：中国旅游出版社，2001.

［86］卢云亭，王建军．生态旅游学［M］．北京：旅游教育出版社，2001.

［87］诺伯舒兹．“场所精神”——迈向建筑现象学［M］．施植明，译．武汉：华中科技大学出版社，2010.

［88］杰弗瑞·戈比．你生命中的休闲［M］．康筝，译，田松，校译．昆明：云南人民出版社，2000.

［89］魏小安．旅游纵横：产业发展新论［M］．北京：中国旅游出版社，2002.

［90］吴承照．现代城市游憩规划设计理论与方法［M］．北京：中国建筑工业出版社，2001.